知识产权与贵州省数字经济发展战略协同研究

王爱华◎著

知识产权出版社
全国百佳图书出版单位
——北京——

图书在版编目（CIP）数据

知识产权与贵州省数字经济发展战略协同研究/王爱华著. —北京：知识产权出版社，2024.9. —ISBN 978 - 7 - 5130 - 9517 - 4

Ⅰ. D923.404；F492

中国国家版本馆 CIP 数据核字第 2024NM2870 号

内容提要

本书通过知识产权，全面分析贵州省数字经济发展的战略协同。本书首先梳理了贵州省数字经济发展概况，对贵州省知识产权创造、运用现状进行研究；其次对与数字经济有关的高校及科研院所现存有效专利摸底，并结合全国有效专利运用典型案例进行分析；再次示出知识产权保护典型案例以及数字经济知识产权政策研究；最后通过贵州省数字经济知识产权保护存在的问题及 SWOT 分析，给出推动贵州省数字经济发展的对策与建议。本书是了解贵州省数字经济发展现状并预测未来走向，启发帮助我国创新主体优化资源配置，做好知识产权预警的工具书。

责任编辑：王玉茂　章鹿野　　　　　　　责任校对：潘凤越

封面设计：杨杨工作室·张冀　　　　　　责任印制：孙婷婷

知识产权与贵州省数字经济发展战略协同研究

王爱华　著

出版发行：知识产权出版社有限责任公司　　网　　址：http：//www.ipph.cn

社　　址：北京市海淀区气象路 50 号院　　　邮　　编：100081

责编电话：010 - 82000860 转 8541　　　　责编邮箱：wangyumao@ cnipr.com

发行电话：010 - 82000860 转 8101/8102　　发行传真：010 - 82000893/82005070/82000270

印　　刷：北京九州迅驰传媒文化有限公司　　经　　销：新华书店、各大网上书店及相关专业书店

开　　本：787mm×1092mm　1/16　　　　印　　张：12

版　　次：2024 年 9 月第 1 版　　　　　　印　　次：2024 年 9 月第 1 次印刷

字　　数：210 千字　　　　　　　　　　定　　价：80.00 元

ISBN 978 - 7 - 5130 - 9517 - 4

前　言
PREFACE

当前，"数字经济"已成为优化我国经济结构的重要推动力。2022年1月，《国务院关于支持贵州在新时代西部大开发上闯新路的意见》印发，提出贵州省应加快构建以数字经济为引领的现代产业体系。同年，贵州省政府工作报告提出要大力推动数字产业化、产业数字化。随着贵州省"数字经济"技术的不断发展，相关领域的知识产权成果也在不断增加。

本书在对贵州省矿产、轻工、新材料、航天航空等重点产业数字化转型相关专利、商标、计算机软件著作权、集成电路布图设计等知识产权的创造、运用、保护现状进行调查分析的基础上，结合产业发展对相关知识产权的需求和政策分析，从知识创新、知识产权保护、科技成果及知识产权转化运用等方面探究当前阻碍知识产权与贵州省数字经济协同共进的问题，总结贵州省有关方面的优势与劣势、机会与挑战，最终形成有助于知识产权推动贵州省数字经济发展的对策建议。本书包括贵州省数字经济知识产权现状、数字经济知识产权典型案例、数字经济知识产权保护、推动贵州省数字经济发展的对策建议等内容，对推动我国数字经济领域知识产权高价值创造、高效益运用、高标准保护具有参考借鉴的价值。

在本书的撰写过程中，贵州省科学技术协会、贵州大学相关部门、贵州省知识产权研究会提供了大量的研究素材和数据，在此一并感谢！

目 录

CONTENTS

第1章 贵州省数字经济发展概况 ·································· 1

1.1 数字经济的概念 ··· 1

1.2 贵州省数字经济发展现状及存在的问题 ·················· 2

    1.2.1 贵州省数字经济发展现状 ·························· 2

    1.2.2 贵州省数字经济发展存在的问题 ·················· 3

1.3 知识产权对贵州省数字经济发展的作用 ················· 4

1.4 数据检索说明 ·· 5

    1.4.1 专利数据采集 ···································· 5

    1.4.2 商标数据采集 ···································· 5

    1.4.3 计算机软件著作权数据采集 ······················ 5

    1.4.4 集成电路布图设计数据采集 ······················ 5

第2章 贵州省知识产权创造现状研究 ····················· 6

2.1 专利创造现状分析 ·· 6

    2.1.1 专利申请和授权趋势分析 ·························· 6

    2.1.2 专利申请类型及法律状态分析 ···················· 7

    2.1.3 专利技术构成分析 ································ 8

    2.1.4 专利地域分布分析 ································ 9

    2.1.5 主要专利权人分析 ································ 10

    2.1.6 重点产业专利分布分析 ···························· 11

2.2 商标创造现状分析 ·· 12

    2.2.1 商标申请和注册趋势分析 ·························· 12

    2.2.2 商标申请和注册主要类型分析 ···················· 13

    2.2.3 商标法律状态分析 ································ 14

2.2.4　商标主要申请和注册申请人分析 ················· 14

2.3　计算机软件著作权创造现状分析 ····················· 16

　2.3.1　计算机软件著作权登记趋势分析 ··············· 16

　2.3.2　计算机软件著作权主要著作权人分析 ··········· 17

　2.3.3　重点产业计算机软件著作权分布分析 ··········· 18

2.4　集成电路布图设计创造现状分析 ····················· 19

　2.4.1　集成电路布图设计登记趋势分析 ··············· 19

　2.4.2　集成电路布图设计权利人分析 ················· 19

第3章　贵州省知识产权运用现状研究 ················· 21

3.1　专利运用现状分析 ································· 22

　3.1.1　专利转让情况分析 ························· 23

　3.1.2　专利质押情况分析 ························· 24

　3.1.3　专利许可情况分析 ························· 25

3.2　商标运用现状分析 ································· 26

3.3　计算机软件著作权运用现状分析 ····················· 27

3.4　集成电路布图设计运用现状分析 ····················· 29

第4章　高校及科研院所现存有效专利摸底 ············· 30

4.1　贵阳市高校及科研院所现存有效专利情况 ··············· 30

　4.1.1　现存有效专利数量及维持年限情况 ············· 30

　4.1.2　现存有效专利技术分布情况 ··················· 32

　4.1.3　现存有效专利数量排名靠前高校及科研院所分析 ··· 33

　4.1.4　专利转移转化数量与发展趋势分析 ············· 34

　4.1.5　专利转移转化数量和专利申请量对比分析 ········· 36

　4.1.6　专利转移转化类型分析 ····················· 36

4.2　有效专利转移转化周边省会城市横向对比分析 ··········· 39

　4.2.1　昆　明 ··································· 39

　4.2.2　成　都 ··································· 43

4.3　有效专利转移转化部分高校纵向对比分析 ··············· 48

　4.3.1　清华大学 ································· 48

　4.3.2　大连理工大学 ····························· 52

    4.3.3　四川大学 ·· 55

第 5 章　有效专利运用典型案例 ·························· 59

  5.1　太原理工大学智能装备重点技术攻关案例 ·········· 59

    5.1.1　案例背景 ·· 59

    5.1.2　转化过程 ·· 60

    5.1.3　转化模式分析 ······································ 60

    5.1.4　案例亮点 ·· 61

  5.2　华南理工大学专利产业化案例 ····················· 61

    5.2.1　案例背景 ·· 61

    5.2.2　转化过程 ·· 62

    5.2.3　转化模式分析 ······································ 63

    5.2.4　案例亮点 ·· 64

  5.3　上海交通大学医学院专利拆分许可案例 ············ 64

    5.3.1　案例背景 ·· 64

    5.3.2　转化过程 ·· 64

    5.3.3　转化模式分析 ······································ 65

    5.3.4　案例亮点 ·· 65

  5.4　中国科学院宁波材料技术与工程研究所专利池多元转化案例 ·· 66

    5.4.1　案例背景 ·· 66

    5.4.2　转化过程 ·· 66

    5.4.3　转化模式分析 ······································ 67

    5.4.4　案例亮点 ·· 67

  5.5　贵州大学发挥专利优势助力乡村振兴案例 ·········· 68

    5.5.1　案例背景 ·· 68

    5.5.2　转化过程 ·· 68

    5.5.3　转化模式分析 ······································ 69

    5.5.4　案例亮点 ·· 70

  5.6　贵州医科大学校企合作专利科技成果作价入股案例 ·· 70

    5.6.1　案例背景 ·· 70

    5.6.2　转化过程 ·· 71

　　　5.6.3　转化模式分析 ……………………………………………… 71

　　　5.6.4　案例亮点 ……………………………………………………… 72

　　5.7　转移转化模式分析与探讨 ……………………………………… 72

第6章　知识产权保护典型案例 ………………………………………… 74

　　6.1　专利保护典型案例分析 ………………………………………… 74

　　　6.1.1　"密码锁防伪瓶盖"专利侵权案 ………………………… 74

　　　6.1.2　"实现云服务融合的方法及系统信息网络"专利侵权案 ………… 76

　　　6.1.3　"信息埋入方法与信息识别方法"专利侵权案 ………… 77

　　　6.1.4　"产品质量追溯防伪系统及追溯防伪方法"专利侵权案 ………… 78

　　　6.1.5　"闪存盘和电子储存方法及装置"专利侵权案 ………… 79

　　6.2　商标保护典型案例分析 ………………………………………… 80

　　　6.2.1　"小度机器人"商标侵权及虚假宣传案 ………………… 80

　　　6.2.2　"苹果耳机"商标侵权案 ………………………………… 82

　　　6.2.3　公众账号主体的唯一性与商标主体多元化纠纷案 ……… 83

　　　6.2.4　刷单公司侵犯商标权、不正当竞争案 …………………… 85

　　　6.2.5　"虎牙"商标侵权案 ……………………………………… 86

　　　6.2.6　数字经济领域滥用知识产权的不诚信行为案 …………… 89

　　6.3　计算机软件著作权保护典型案例分析 ………………………… 91

　　　6.3.1　某培训机构计算机软件著作权侵权案 …………………… 91

　　　6.3.2　法国某公司计算机软件著作权侵权案 …………………… 92

　　　6.3.3　涉开源软件侵害计算机软件著作权案 …………………… 93

　　　6.3.4　某付费软件计算机软件著作权侵权案 …………………… 94

　　　6.3.5　上海某公司计算机软件著作权侵权案 …………………… 95

　　　6.3.6　某操作系统计算机软件著作权侵权案 …………………… 96

　　6.4　集成电路布图设计保护典型案例分析 ………………………… 97

　　　6.4.1　"锂电池保护芯片"集成电路布图设计侵权案 ………… 97

　　　6.4.2　LED照明用的"PT4115"集成电路布图设计侵权案 …………… 98

　　　6.4.3　某系列芯片集成电路布图设计专有权权属认定纠纷案 ……… 99

第7章　数字经济知识产权政策研究 …………………………………… 101

　　7.1　数字经济与专利政策研究 ……………………………………… 101

7.1.1　专利重点政策解读 ·················· 104

7.1.2　小　结 ·································· 109

7.2　数字经济与商标政策研究 ·················· 109

7.2.1　商标重点政策解读 ······················ 112

7.2.2　小　结 ·································· 115

7.3　数字经济与计算机软件著作权政策研究 ········ 115

7.3.1　计算机软件著作权重点政策解读 ·········· 116

7.3.2　小　结 ·································· 117

7.4　数字经济与集成电路布图设计政策研究 ········ 118

7.4.1　集成电路布图设计重点政策解读 ·········· 119

7.4.2　小　结 ·································· 120

7.5　数字经济与知识产权政策研究 ·············· 120

7.5.1　数字经济重点政策解读 ·················· 121

7.5.2　小　结 ·································· 124

7.6　试点省份数据知识产权保护举措研究 ·········· 124

7.6.1　《中共中央　国务院关于构建数据基础制度
　　　　更好发挥数据要素作用的意见》 ·········· 124

7.6.2　《北京市数据知识产权登记管理办法（试行)》 ··· 126

7.6.3　《北京市企业数据知识产权工作指引（试行)》 ··· 127

7.6.4　《长三角地区数据知识产权保护合作协议》 ····· 129

7.6.5　《关于推进数据知识产权分类分级保护工作的通知》 ·· 130

7.6.6　《浙江省知识产权保护和促进条例》 ········ 130

7.6.7　《关于打造"知识产权司法保护示范地"服务保障
　　　　数字经济创新提质"一号发展工程"的实施意见》 ········· 131

第8章　贵州省数字经济知识产权保护存在的问题及SWOT分析 ········· 136

8.1　贵州省数字经济知识产权形势 ·············· 136

8.1.1　数字经济知识产权保护面临的挑战 ········ 137

8.1.2　数字经济知识产权争议方向 ·············· 137

8.2　贵州省数字经济知识产权SWOT分析 ········ 139

8.2.1　知识产权创造存在的问题 ················ 139

　　8.2.2　知识产权创造 SWOT 分析 ················ 141

　　8.2.3　知识产权运用存在的问题 ················ 143

　　8.2.4　知识产权运用 SWOT 分析 ················ 145

　　8.2.5　知识产权保护存在的问题 ················ 146

　　8.2.6　知识产权保护 SWOT 分析 ················ 148

第 9 章　推动贵州省数字经济发展的对策与建议 ·········· 150

　9.1　提升数字经济领域知识产权创造能力 ············ 150

　　9.1.1　建设数字经济知识产权创造环境 ·········· 150

　　9.1.2　构建数字经济创新生态圈 ················ 151

　　9.1.3　引导数字经济资源配置 ·················· 151

　　9.1.4　加强数字经济关键技术创新成果保护 ······ 152

　　9.1.5　引育数字经济基础研发人才 ·············· 152

　　9.1.6　推动数字经济知识产权情报运用 ·········· 153

　9.2　完善数字经济领域知识产权转化运用机制 ········ 154

　　9.2.1　建立数字经济战略联盟 ·················· 154

　　9.2.2　推动数字化政用产学研协同发展 ·········· 155

　　9.2.3　完善数字经济知识产权评估体系 ·········· 155

　　9.2.4　健全数字经济知识产权交易市场 ·········· 155

　　9.2.5　重视数字经济领域推广交流 ·············· 156

　9.3　加强贵州省数字经济发展中知识产权保护 ········ 156

　　9.3.1　加快制定数据知识产权保护立法 ·········· 156

　　9.3.2　加强数字经济多方协同保护规范衔接 ······ 157

　　9.3.3　完善数字经济知识产权裁判规则 ·········· 158

　　9.3.4　建立数字化多元解纷机制 ················ 158

　　9.3.5　加强数字经济知识产权保护宣传 ·········· 159

　　9.3.6　重视数字化的治理型人才培养 ············ 159

附录 1　贵州省高价值专利运用导向目录 ············· 160

附录 2　贵州省知识产权需求调研报告 ··············· 166

参考文献 ····································· 176

第1章　贵州省数字经济发展概况

1.1　数字经济的概念

"数字经济"这一术语最早出现于20世纪90年代。1995年，经济合作与发展组织详细阐述了数字经济的可能发展趋势，认为在互联网革命的驱使下，人类的发展将由原子加工过程转变为信息加工处理过程。1996年，美国学者唐·泰普斯考特（Don Tapscott）在《数字时代的经济学：对网络智能时代机遇和风险的再思考》一书中描述了计算机和互联网革命对商业行为的影响。[1] 1998年，美国商务部发布的《浮现中的数字经济》研究报告，描述了在信息技术（IT）扩散和渗透的推动下，从工业经济走向数字经济的发展趋势，并将数字经济的特征概括为：互联网是基础设施，信息技术是先导技术，信息产业是带头和支柱产业，电子商务是经济增长的发动机。[2] 进入21世纪以后，电子商务得到了全面爆发式发展，其在商品贸易方面起到了重要的促进作用，最终电子商务成为数字经济与传统经济的连接桥梁。随着社会科技不断发展，以云计算、人工智能、大数据等为代表的数字技术也成为推动人类经济社会发展的重要动力，同时世界各国也将数字化基础设施建设当作各产业数字化转型的标准之一。2021年，国家统计局发布了《数字经济及其核心产业统计分类（2021）》，该统计分类主要以

---

[1] 唐·泰普斯考特. 数字时代的经济学：对网络智能时代的机遇和风险的再思考 [M]. 毕崇毅, 译. 北京：机械工业出版社, 2016.

[2] 许正中. 数字经济到底是什么？[EB/OL]. （2022 – 12 – 15）[2023 – 3 – 10]. http：//www. gzxjw. org. cn/info/820.

"数字产业化"和"产业数字化"为划分标准,对数字经济产业的统计口径与统计标准作出了明确指示,进一步完善了数字经济在我国发展的基本格局。

1.2 贵州省数字经济发展现状及存在的问题

1.2.1 贵州省数字经济发展现状

贵州省积极贯彻国家数字经济发展战略,紧抓信息化时代带来的发展机遇,致力于推动数字经济与实体经济的深度融合。在《国务院关于支持贵州在新时代西部大开发上闯新路的意见》的指导下,贵州省被明确赋予了"数字经济发展创新区"的战略定位,这不仅为贵州省数字经济的发展提供了明确的指导方向,而且为贵州省实现经济结构的转型升级、提升整体竞争力注入了强大动力。这一战略定位的实施,将进一步推动贵州省数字经济的蓬勃发展,助力其在新的阶段实现更高质量的发展。

贵州省已经建设有贵阳大数据产业技术创新实验区、贵阳·贵安大数据产业发展聚集区,吸引了众多大型企业扎根入驻。"百企引领"行动方案全面实施,推进建设了贵安华为云数据中心、腾讯贵安七星数据中心、苹果 iCloud 中国(贵安)数据中心等项目。同时,本土数字化企业也在不断壮大发展,诸如航天云网科技发展有限公司、贵阳货车帮科技有限公司、贵州易鲸捷信息技术有限公司、贵阳朗玛信息技术有限公司等企业均获得良好市场机遇,其中贵阳货车帮科技有限公司已经成长为独角兽企业,贵阳朗玛信息技术有限公司也连续四年入选中国互联网企业前 100 强。除此之外,还涌现了诸如贵州"工业云"等国家级融合试点示范项目,贵阳贵安电子信息产业园、贵阳国家高新区等聚集区也入选了工业和信息化部公布的国家大数据新型工业化示范基地。

贵州省在数字经济领域展现出令人瞩目的强劲增长态势。到 2022 年,该省已经连续八年跻身全国数字经济增速排名前三的行列。这一成绩的取得,主要得益于大数据、云计算、人工智能等新兴产业的高速发展,它们成为推动贵州省数字经济迅猛增长的关键力量。与此同时,传统产业也在积极响应数字化转型的号召，通过引入和融合数字技术，有效提升了生产效率和管理效能，从而实现了产业的升级和转型。这种全面发展的态势，无疑为贵州省的数字经济注入了强大的活力和动力。

1.2.2　贵州省数字经济发展存在的问题

1.2.2.1　行业规模不足

近年来，贵州省数字经济处于高速发展时期，尽管拥有先天自然优势与国家相关政策的大力扶持，但是数字化行业的规模仍然与发达地区存在较大的差距，数字化龙头企业数量有限、数字化行业体量不足，导致许多带动行业发展的大项目无法落地实施。

1.2.2.2　相关人力资源及人才储备不足

数字经济的发展需要大量复合型人才和专业技术人才，虽然贵州省经济得到高速发展，但是总体经济环境及科研教学环境与发达地区仍然存在一定差距，短期内还无法满足全省基层人才的需求。

同时，随着数字化转型及新基建推进，涉及新质生产力的相关行业对专业技术人才的需求急剧增加。高校在人工智能、数据分析、数据安全、区块链等技术领域的专业课程开设和升级不足，短期内难以满足行业对专业人才的供给需求。因此，专业技术型人才和复合型人才的短缺已成为限制贵州省数字经济发展的关键因素之一。

1.2.2.3　创新水平较弱

贵州省 2022 年研究与试验发展（R&D）经费投入统计公报中显示，2022 年贵州省研究与试验发展经费投入持续增长，全省共投入研究与试验发展经费199.3 亿元，投入强度持续提升，但与相邻的四川、重庆、湖南等周边省市相比存在一定差距。同时，贵州省在全国范围内的创新投入指数排名第 26 位；创新水平指数排名第 25 位；创新基础指数排名第 20 位。[1] 因此，相较于全国创新发展，贵州省本地的创新水平较弱，与发达地区存在一定差距。

1.3 知识产权对贵州省数字经济发展的作用

随着社会的发展和进步，我国经济体系已经迈入了"创新、驱动、发展"的新阶段，经济是社会发展的核心。"创新、驱动、发展"在知识产权背景下将得到法律的保护以及相关制度的支持，知识产权在整个体系建设中起着重要的作用。从多元化角度分析，经济在数字时代中的"创新、驱动、发展"，实际上是知识产权的"创新、驱动、发展"。

数字经济的发展壮大，关系着国家网络强国和国家大数据安全的战略部署。我国应当加强对高新技术、核心技术的攻关和掌控，不能让未来新兴技术的关键被外国势力所控制，要尽快实现新兴技术的自立自强，最终将国家数字经济的平稳、健康、安全掌控在自己手中，做到真正意义上的网络强国和国家数据安全。

数字经济的发展可以体现新兴技术的发展，不断创新创造出更多的专利技术便是数字经济行业的命脉之一。因此，加强知识产权在数字经济领域的实施是国家保障数字经济发展的第一要务，也是数字经济能够健康、有序发展的重要保障措施。

数字经济不断创新发展，现今数据已不再是传统的数据储存，而是能够成为新的生产资料。通过大数据分析、人工智能等新兴技术的应用，能够让数据本身产生一定的价值。然而由于数据本身是一种无形的资产，相较于传统的生产资料而言，数据保护及保障成本大幅度增加，并且在运用数据的过程中，极易造成数据的丢失及盗用，因此知识产权对数字经济的保护及保障就显得更加重要。

知识产权治理体系的发展关系着数字经济生产力的应用程度，创新创造生产力是基础，标准化的保护保障是措施，最终高效率的运用是结果。随着世界基础科学不断发展，各类市场主体的生产力也在不断变革，通过新兴数字技术、高新技术等高水平技术的供给，提升了市场的需求质量，也提高了供给效率。而知识产权体系的建设，将大力推动数字技术的健康有序发展，最终提高行业生产力。

---

[1] 田应贵. 贵州省研究与试验发展（R&D）经费持续增长［EB/OL］.（2023－10－10）［2023－11－11］. http://kjt. guizhou. gov. cn/wzzt/kjxqypy_5939804/zxxx_5939805/202310/t20231010_82720441. html.

1.4　数据检索说明

1.4.1　专利数据采集

依托 incoPat 专利数据库，著者针对贵州省现有数字经济发展相关国内专利开展数据采集工作，所涉技术包括大数据、云计算、物联网、区块链、人工智能、5G 通信等新兴技术，检索截止日期为 2023 年 5 月 19 日。

1.4.2　商标数据采集

依托白兔智能商标检索系统，著者对贵州省具有一定技术实力的数字经济发展重点企事业单位开展商标创造情况收集工作，检索截止日期为 2023 年 5 月19 日。

1.4.3　计算机软件著作权数据采集

依托全国企业信用查询系统，著者对贵州省重点产业（矿产、轻工、新材料、航天航空产业）计算机软件著作权登记情况进行收集，检索截止日期为2023 年 5 月 19 日。

1.4.4　集成电路布图设计数据采集

依托全国企业信用查询系统，著者对贵州省数字经济相关集成电路布图设计登记数据进行收集，检索截止日期为 2023 年 5 月 19 日。

第2章 贵州省知识产权创造现状研究

本章通过全面收集贵州省现有数字经济相关国内专利，具有一定技术实力的数字经济发展重点企事业单位商标创造情况，矿产、轻工、新材料、航天航空产业计算机软件著作权登记情况和集成电路布图设计登记情况数据，了解知识产权创造相关现状。同时通过定量统计分析获取贵州省在数字经济发展进程中的知识产权资源情况；依据调研反馈数据及知识产权转让、许可、质押登记数据，获取贵州省数字经济发展进程中的知识产权资源运用情况，为后续知识产权创造、运用与数字经济发展之间的协同作用研究提供支撑。

2.1 专利创造现状分析

本节全面收集贵州省数字经济发展相关国内专利，涉及大数据、云计算、物联网、区块链、人工智能、5G通信等新兴技术，可分析贵州省在数字经济发展进程中的专利资源情况。

2.1.1 专利申请和授权趋势分析

截至 2023 年 5 月 19 日，收集贵州省数字经济相关国内专利共计 2190 件，按照专利年申请量、年授权量进行统计，获得贵州省数字经济发展相关国内专利申请及授权趋势，如图 2-1-1 所示。

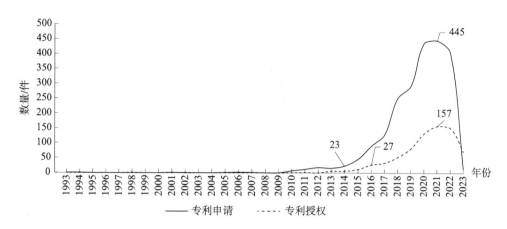

图 2 - 1 - 1　贵州省数字经济相关国内专利申请及授权趋势

从图 2 - 1 - 1 中可以看出，贵州省自 1993 年出现第一件数字经济发展相关专利，涉及智能通信速分多次传输技术，随后直至 2014 年，专利年申请量及年授权量均较小。2014 年以后，在贵州省数字经济持续高速增长，大数据、人工智能和区块链等新一代数字技术飞速发展的带动下，相关专利申请量、授权量逐年上升，2021 年达到年申请相关专利 445 件，授权相关专利 157 件。2022 年、2023 年部分专利数据未完全公开，暂不进行统计，总体来说，贵州省数字经济发展进程中专利创造能力正在不断提升。

2.1.2　专利申请类型及法律状态分析

对 2190 件专利的专利申请类型、法律状态进行统计，获得贵州省数字经济相关国内专利申请类型及法律状态，如图 2 - 1 - 2 所示。

从图 2 - 1 - 2 中可以看出，现有专利申请中共计有 1815 件发明专利，占专利总量的 82.88%；实用新型专利有 375 件，占专利总量的 17.12%。发明专利中共计有 973 件处于实质审查阶段，占专利总量的 44.43%；授权专利共计 350 件，占专利总量的 15.98%；尚有 133 件专利处于公开阶段，191 件被驳回，158 件撤回。实用新型专利中，授权专利共计 252 件，占专利总量的 11.51%；121 件专利因未缴年费而失效，占专利总量的 5.53%。总体来说，贵州省数字经济发展进程中产出的发明专利较多，大部分尚处于审查阶段，实用新型专利授权量较大，也存在部分专利因未缴年费而失效。

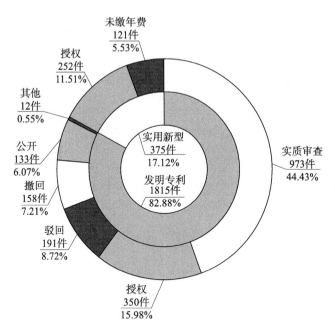

图 2 - 1 - 2　贵州省数字经济相关国内专利申请类型及法律状态

2.1.3　专利技术构成分析

依据专利所涉国际专利分类（IPC）技术领域，对现有专利技术进行 IPC 技术领域申请量统计，可以了解其技术发展热点及技术优势方向。贵州省数字经济相关国内专利申请技术构成分布如图 2 - 1 - 3 所示。

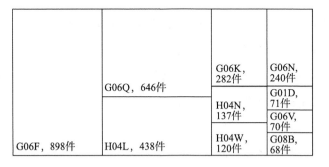

图 2 - 1 - 3　贵州省数字经济相关国内专利申请技术构成分布❶

注：图中数字表示专利申请量，单位为件。

---

❶　图中专利申请量存在交叉统计，故 IPC 各技术领域专利申请量之和大于实际专利申请量，下同。——编辑注

从图 2 - 1 - 3 中可以看出，贵州省数字经济专利申请涉及最多的 IPC 技术领域为 G06F，共有 898 件专利，是技术发展的热点和技术优势；G06Q 领域的专利申请量位列第二，共有 646 件专利；H04L 领域的专利申请量位列第三，共有 438 件专利，也是专利申请量相对较多的一个技术分支。

图 2 - 1 - 3 中贵州省数字经济涉及的 IPC 技术领域及其描述如表 2 - 1 - 1 所示。

表 2 - 1 - 1　贵州省数字经济涉及的 IPC 技术领域及其描述

技术领域	描述
G06F	电数字数据处理
G06Q	专门适用于行政、商业、金融、管理或监督目的的信息和通信技术；其他类目不包含的专门适用于行政、商业、金融、管理或监督目的的系统或方法
H04L	数字信息的传输
G06K	图形数据读取；数据的呈现；记录载体；处理记录载体笔记该子类涵盖；记录载体的标记、传感和传送；从记录载体读取图形表示；以视觉或其他方式呈现已识别的数据或计算结果
G06N	基于特定计算模型的计算机系统
H04N	图像通信
H04W	无线通信网络
G01D	非专用于特定变量的测量；不包含在其他单独小类中的测量两个或多个变量的装置；计费设备；非专用于特定变量的传输或转换装置；未列入其他类目的测量或测试
G06V	图像或视频识别或理解
G08B	信号装置或呼叫装置；指令发信装置；报警装置

2.1.4　专利地域分布分析

贵州省各市（州）数字经济相关专利申请人地域分布情况如图 2 - 1 - 4 所示。

从图 2 - 1 - 4 中可以看出，贵州省数字经济发展过程中产出的专利，绝大部分申请人集中于贵阳市，共计有 1742 件专利来自贵阳市专利申请人，遵义、六盘水、铜仁的申请量也相对较大。总体来说，贵阳市为贵州省数字经济技术聚集区。

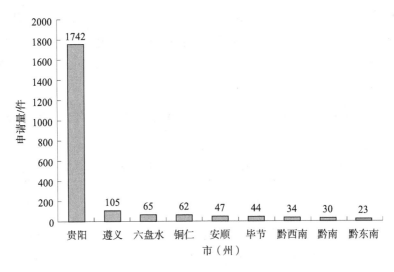

图 2 - 1 - 4 贵州省各市（州）数字经济相关专利地域分布

2.1.5 主要专利权人分析

贵州省数字经济相关专利申请拥有量排名前十位的创新主体如图 2 - 1 - 5 所示。

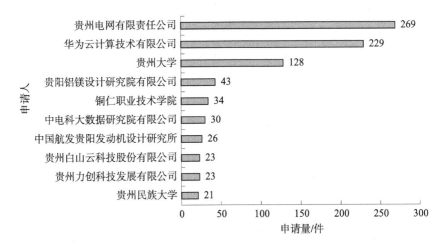

图 2 - 1 - 5 贵州省数字经济相关专利申请拥有量排名前十位的创新主体

从图 2 - 1 - 5 中可以看出，贵州电网有限责任公司专利申请量最大，排名第一位，共计拥有相关专利 269 件，主要涉及基于大数据、云计算、物联网、区块

10

链、人工智能、5G 通信等新兴领域的监控、能源计算和规划技术。华为云计算技术有限公司共计拥有相关专利申请 229 件，排名第二位，其也是有一定技术实力的专利权人，主要涉及数据储存、服务器和计算机电子设备相关技术。高校专利权人中，贵州大学共计拥有相关专利申请 128 件，涉及云计算、大数据、物联网、区块链、人工智能和 5G 通信等新兴领域相关技术。贵阳铝镁设计研究院有限公司共计拥有相关专利申请 43 件。铜仁职业技术学院共计拥有相关专利申请 34 件。中电科大数据研究院有限公司共计拥有相关专利申请 30 件。中国航发贵阳发动机设计研究所共计拥有相关专利申请 26 件。贵州力创科技发展有限公司共计拥有相关专利申请 23 件。贵州白山云科技股份有限公司共计拥有相关专利申请 23 件。贵州民族大学共计拥有相关专利申请 21 件。总体来说，贵州省数字经济发展相关专利技术主要掌握在贵州电网有限责任公司、华为云计算技术有限公司和贵州大学等创新主体手中。

2.1.6　重点产业专利分布分析

聚焦到矿产、轻工、新材料、航天航空各个产业，在数字经济发展进程中，矿产产业相关专利创造数量最多，主要涉及智慧矿山、矿山监测、矿层勘探等相关技术。航天航空产业专利申请量也相对较大，主要涉及航天航空机械制造过程中的数字化、智能化技术应用。相对来说，新材料、轻工产业在数字经济发展进程中专利技术产出相对较少，如图 2 - 1 - 6 所示。

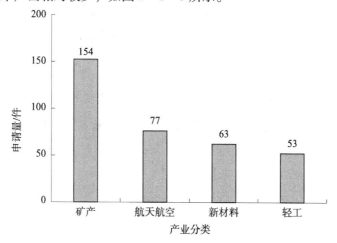

图 2 - 1 - 6　贵州省数字经济相关重点产业专利申请分布

2.2　商标创造现状分析

本节依照技术专利拥有情况对贵州省数字经济发展过程中的相关企事业单位进行筛选，对具有一定技术实力的数字经济发展重点企事业单位开展商标创造情况统计分析，可分析贵州省在数字经济发展进程中的商标资源情况。

2.2.1　商标申请和注册趋势分析

截至 2023 年 3 月 31 日，共计收集贵州省数字经济发展重点企事业单位商标 2797 件，对收集的重点企事业单位商标申请、注册时间分布情况进行统计，获得商标申请和注册趋势，如图 2 − 2 − 1 和图 2 − 2 − 2 所示。

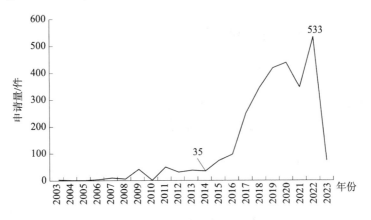

图 2 − 2 − 1　贵州省数字经济相关商标申请趋势

在贵州省数字经济发展过程中，重点企事业单位自 1999 年开始商标申请工作。从图 2 − 2 − 1 中可以看出，2015 年随着贵州省大数据产业的蓬勃发展，数字经济进程的推进，贵州省数字经济相关商标申请量开始逐年攀升。2022 年商标年申请量达 533 件。总体来说，随着技术、市场的发展，贵州省重点企事业单位对自身商标的创造及保护日渐重视。

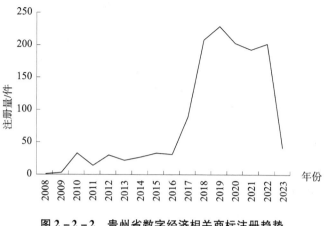

图 2-2-2　贵州省数字经济相关商标注册趋势

在贵州省数字经济发展过程中，重点企事业单位自 2001 年开始获得商标注册。从图 2-2-2 中可以看出，贵州省数字经济相关商标在 2016 年的注册量才开始逐年攀升，于 2019 年达到年注册商标量 229 件。总体来说，贵州省数字经济发展中重点企事业单位商标实力不断增强。

2.2.2　商标申请和注册主要类型分析

对贵州省数字经济相关商标申请和注册类别进行统计，获得商标申请和注册主要类型排名前十位的分布情况，如图 2-2-3 所示。

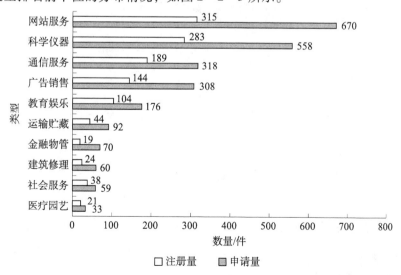

图 2-2-3　贵州省数字经济相关商标申请和注册主要类型分布

从图 2－2－3 中可以看出，网站服务类商标申请和注册量最大，共计申请商标 670 件，获得注册 315 件；另外，科学仪器类（申请 558 件、注册 283 件）、通信服务类（申请 318 件、注册 189 件）、广告销售类（申请 308 件、注册 144 件）、教育娱乐类（申请 176 件、注册 104 件）为商标申请和注册较为集中的商标类型。总体来说，贵州省数字经济重点企事业单位的商品应用领域为网站服务、科学仪器、通信服务、广告销售和教育娱乐等类型。

2.2.3　商标法律状态分析

对贵州省数字经济相关商标法律状态进行统计，获得其商标法律状态分布情况，如图 2－2－4 所示。可以看出，共计有 1321 件商标为有效注册状态，占商标总量的 47.23%；待审中商标共计 877 件，占商标总量的 31.36%；已驳回商标共计 501 件，占商标总量的 17.91%；已初审商标共计 53 件，占商标总量的 1.89%；已注销商标共计 45 件，占商标总量的 1.61%。总体来说，数字经济领域商标维持情况较好，待审中商标较多，表明其商标创造活跃度较高。

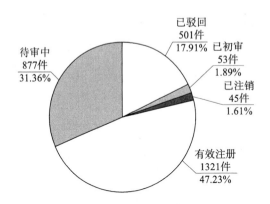

图 2－2－4　贵州省数字经济相关商标法律状态分布

2.2.4　商标主要申请和注册申请人分析

对贵州省数字经济相关商标申请人及商标申请量、注册量进行统计，分别获得商标申请量、注册量排名前十位的申请人排名，如图 2－2－5 和图 2－2－6 所示。从图 2－2－5 中可以看出，华为云计算技术有限公司共计申请商标 479 件，为商标申请量最大的申请人；世纪恒通科技股份有限公司共计申请商标 473 件；贵州白山云科技股份有限公司共计申请商标 411 件；贵阳朗玛信息技术股份有限公司共计申请商标 297 件；贵州省广播电视信息网络股份有限公司共计申请商标 192 件；贵州人和致远数据服务有限责任公司共计申请商标 94 件；贵州电网有限责任公司共计申请商标 90 件；贵州航天智慧农业有限公司共计申请商标 68 件；贵州数据宝网络科技有限公司共计申请商标 54 件；中电科大数据研究院有限公司共计申请商标 46 件。总体来说，贵州省数字经济相关商标的主要申请人为华为云计算技术有限公司、世纪恒通科技股份有限公司和贵州白山云科技股份有限公司。

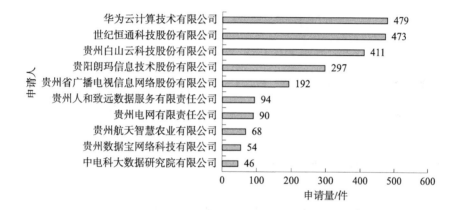

图 2-2-5　贵州省数字经济相关商标排名前十位申请人

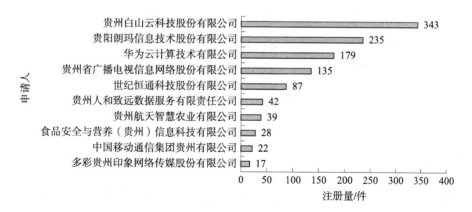

图 2-2-6　贵州省数字经济相关商标排名前十位注册申请人

从图 2-2-6 中可以看出，贵州白山云科技股份有限公司共计注册商标 343 件，为商标注册量最大的注册申请人；贵阳朗玛信息技术股份有限公司共计注册商标 235 件；华为云计算技术有限公司共计注册商标 179 件；贵州省广播电视信息网络股份有限公司共计注册商标 135 件；世纪恒通科技股份有限公司共计注册商标 87 件；贵州人和致远数据服务有限责任公司共计注册商标 42 件；贵州航天智慧农业有限公司共计注册商标 39 件；食品安全与营养（贵州）信息科技有限公司共计注册商标 28 件；中国移动通信集团贵州有限公司共计注册商标 22 件；多彩贵州印象网络传媒股份有限公司共计注册商标 17 件。总体来说，注册商标资源主要掌握在贵州白山云科技股份有限公司、贵阳朗玛信息技术股份有限公司和华为云计算技术有限公司手中。

2.3　计算机软件著作权创造现状分析

本节对贵州省重点产业（矿产、轻工、新材料、航天航空产业）计算机软件著作权登记情况进行收集，发现贵州省共计有 9179 家单位开展计算机软件著作权登记工作，可以分析贵州省重点产业（矿产、轻工、新材料、航天航空产业）数字经济发展进程中计算机软件著作权资源情况。

2.3.1　计算机软件著作权登记趋势分析

截至 2023 年 3 月 31 日，共收集贵州省计算机软件著作权登记 2179 件，对收集的计算机软件著作权登记时间分布情况进行统计，获得计算机软件著作权登记趋势情况，贵州省重点产业（矿产、轻工、新材料、航天航空产业）自 1996 年开始开展计算机软件著作权登记工作。如图 2 - 3 - 1 所示，可以看出，2017 年之前计算机软件著作权年登记量均较小，2018 年以后计算机软件著作权登记量出现大幅上涨，其原因主要为数字化技术不断与制造业融合发展，以及计算机软件著作权登记便利性不断提高。总体来说，随着数字经济的发展，贵州省重点产业（矿产、轻工、新材料、航天航空产业）计算机软件著作权创造能力不断提升。

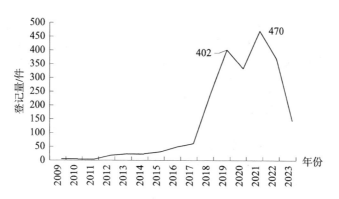

图 2 – 3 – 1　贵州省重点产业计算机软件著作权登记趋势

2.3.2　计算机软件著作权主要著作权人分析

对收集的计算机软件著作权人及登记量进行统计，获得贵州省重点产业（矿产、轻工、新材料、航天航空产业）计算机软件著作权主要登记量排名前十位著作权人，如图 2 – 3 – 2 所示，可以看出，航天云宏技术有限公司共计登记计算机软件著作权 77 件，为重点产业计算机软件著作权登记量最大的著作权人，其技术涉及管理标准版软件、云备份软件、云计算管理软件等。其次分别为：贵州江南航天信息网络通信有限公司共计登记计算机软件著作权 76 件，贵州宏信达高新科技有限责任公司共计登记计算机软件著作权 57 件，贵州天地通科技有限公司共计登记计算机软件著作权 56 件，为重点产业计算机软件著作权登记量相对较大的著作权人。贵州习酒股份有限公司共计登记计算机软件著作权 45 件，贵阳高科中环信息技术有限公司共计登记计算机软件著作权 45 件，贵州航天林泉电机有限公司共计登记计算机软件著作权 44 件，贵州林合开创科技集团有限公司共计登记计算机软件著作权 39 件，中国航发贵州黎阳航空动力有限公司共计登记计算机软件著作权 34 件，贵州科海新技术发展有限公司共计登记计算机软件著作权 32 件。总体来说，贵州省重点产业（矿产、轻工、新材料、航天航空产业）领域计算机软件著作权权利人主要集中在航天云宏技术有限公司、贵州江南航天信息网络通信有限公司、贵州宏信达高新科技有限责任公司和贵州天地通科技有限公司。

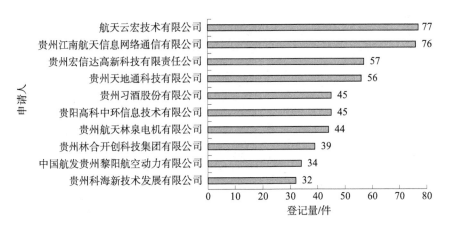

图 2 - 3 - 2   贵州省重点产业计算机软件著作权主要登记量排名前十位著作权人

2.3.3   重点产业计算机软件著作权分布分析

对计算机软件著作权人产业分布情况及计算机软件著作权登记量进行统计，聚焦到重点产业（矿产、轻工、新材料、航天航空产业），获得重点产业计算机软件著作权分布情况，如图 2 - 3 - 3 所示。可以看出，新材料产业计算机软件著作权登记量最大，共计有 968 件，主要为环境质量检测软件、管理平台、监控及设备控制系统等；其次为轻工产业，涉及面广，共计有 718 件，是计算机软件著作权登记量相对较大的产业，主要技术涉及环境检测、数字化控制、检测系统等；航空航天产业共计登记 470 件；矿产产业共计登记 34 件。总体来说，贵州省数字经济产业的应用领域主要集中于新材料、轻工和航天航空产业等领域。

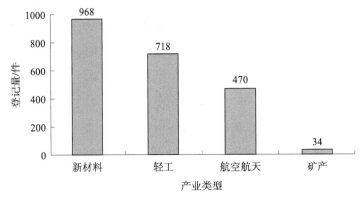

图 2 - 3 - 3   贵州省重点产业计算机软件著作权分布

2.4　集成电路布图设计创造现状分析

本节全面收集贵州省集成电路布图设计登记数据，可分析贵州省在数字经济发展进程中集成电路布图设计的资源情况信息。

2.4.1　集成电路布图设计登记趋势分析

截至 2023 年 3 月 31 日，共计收集贵州省数字经济相关集成电路布图设计174 件，对收集的集成电路布图设计登记时间分布情况进行统计，获得集成电路布图设计登记趋势。如图 2 - 4 - 1 所示，可以看出，2017 年之前的集成电路布图设计登记量均较小。随着数字化技术的不断发展，数字化技术与产业不断融合，2018 年后集成电路布图设计登记量出现上升，于 2021 年达到年申请 44 件。总体来说，贵州省近年来集成电路布图设计创造能力逐渐增强。

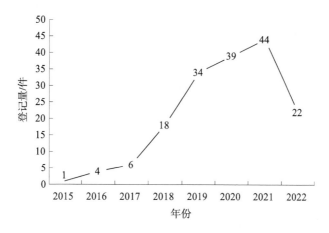

图 2 - 4 - 1　贵州省数字经济相关集成电路布图设计登记趋势

2.4.2　集成电路布图设计权利人分析

对贵州省数字经济相关集成电路布图设计权利人及集成电路布图设计登记量进行统计，获得集成电路布图设计登记量排名前十位权利人，如图 2 - 4 - 2 所示，可以看出，贵州省集成电路布图设计权利人中，贵州振华风光半导体股份有限公司集成电路布图设计登记量最大，具有明显技术优势，其技术涉及运算放大器、模拟开关、驱动器、控制器等。贵州大学及贵州木弓贵芯微电子有限公司也具有一定技术实力。总体来说，贵州振华风光半导体股份有限公司集成电路布图设计创造能力较强。

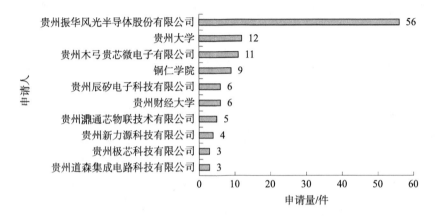

图 2 - 4 - 2　贵州省数字经济相关集成电路布图设计登记量前十位排名权利人

第3章　贵州省知识产权运用现状研究

近年来，贵州省一方面推进数字化创新技术的应用与发展，另一方面促进传统行业不断升级转型，带动产业融合发展。例如在大数据、人工智能等数字化技术的支持下，提升了部分农业生产、流通运输、加工包装等环节的生产效率。

在农业种植方面，贵州省现代种业集团有限公司通过自动化、智能化的灌溉、控温控湿、远程控制和一键启动等线上管理方式，在占地2.5万平方米的贵阳市开阳县楠木渡镇基地管控了超过100多万株的育苗，不仅提升了防控病虫害的质量，而且缩短了育苗周期，降低了用工成本。贵州习酒股份有限公司通过数字化技术将产品的防伪性能提高到前所未有的高度，基本可以杜绝市场产品的造假，例如：①利用二维码防伪溯源系统等几项专利新型技术，实现了一码一物的实施方式；②利用产品扫码实现物流信息的记录，能够及时了解到单一物品的发运信息、原材料的采购以及具体生产。同时，在营销方面，贵州习酒股份有限公司通过数据分析、运用等提升了市场客户的参与率，通过多渠道、多方式的营销手段来获取市场客户供需的大数据，为未来市场分析以及打击造假等情况铺垫了数据基础。贵州省通信产业服务有限公司联合贵州大学针对基于可信度量机制和自研智能边缘网关开展研究并申请专利，通过搜集和分析企业生产管理、安全监测等方面数据，建立全方位生产风险监测预警系统，自动识别与分析潜在风险，进行实时预警与决策支持应用数据挖掘、机器学习、可信计算等关键技术，采用先进算法和工具处理大数据集，提取关键特征，构建高效的分析模型，自动识别和预警风险，提供安全管理决策支持。项目实施将有效提高企业安全生产水平，减少安全事故发生，目前已广泛应用于白酒、农业、消防、监委、园区等行业。下面将介绍具有代表性的市场主体对数字化技术知识产权的运用情况。

3.1 专利运用现状分析

本节对84家调研主体进行专利运用方式分析，其调研结果包含非数字经济发展相关专利的运用情况，按照质押融资、价值评估、转让、许可、作价入股、自主实施共6种方式进行统计，如图3-1-1所示。

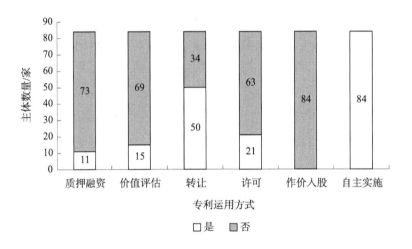

图3-1-1 贵州省调研主体专利运用情况

从图3-1-1中可以看出，除自主实施外，专利运用最多的方式是专利权转让，有50家调研主体进行了专利权转让，其中具有代表性的是华为云计算技术有限公司，其有超过100件专利来自母公司华为技术有限公司，由华为技术有限公司申请，随主营业务剥离转让至华为云计算技术有限公司，其云计算核心业务实力和市场竞争力均得到强化；其次是专利许可的运用方式，有21家调研主体进行了专利许可，其中具有代表性的是贵阳朗玛信息技术股份有限公司，其将申请的专利许可给控股子公司贵阳朗玛视讯科技有限公司、贵阳朗玛通信科技有限公司、贵阳叁玖互联网医疗有限公司和广州启生信息技术有限公司，避免子公司专利权使用风险；再次是专利价值评估，有15家调研主体进行了专利价值评估；最后是专利质押融资的运用方式，有11家调研主体进行了专利质押融资，在专利作价入股方式上则无调研主体进行相关运用。

3.1.1 专利转让情况分析

对贵州省数字经济发展相关专利转让工作开展情况进行统计，获取专利运用情况信息，截至统计日期，共计有 186 件专利开展转让工作，对专利转让时间及转让量进行统计，获取转让趋势如图 3 - 1 - 2 所示，可以看出，贵州省数字经济发展相关专利自 2007 年开始开展转让工作，直至 2021 年的年专利转让量均较小，2022 年有 140 件专利转让，其中有 118 件为华为集团内部转让，受让人均为华为云计算技术有限公司。

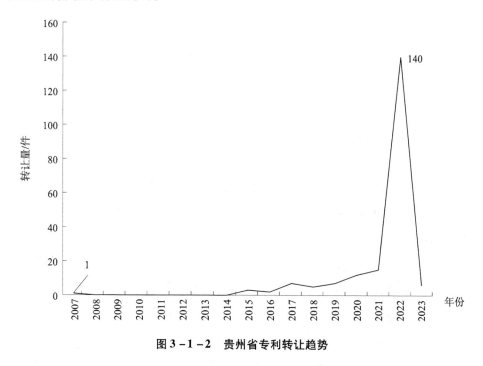

图 3 - 1 - 2　贵州省专利转让趋势

对现阶段开展专利转让工作的转让人及受让人类型进行统计，获取现阶段专利转让模式信息，如图 3 - 1 - 3 所示。可以看出，开展转让工作最多的为企业间转让，以促进其专利价值的提升。由个人转让至企业的专利也相对较多，表明企业对技术领域内具有价值的掌握在个人手中的专利技术已有一定重视。高校及科研院所开展专利转让工作较少，表明掌握在高校及科研院所手中的专利，其价值有待开发，技术推广工作需要进一步开展。

	企业	个人	高校	科研院所	其他
企业	153	28	6	3	1
个人	5	6	0	1	0
高校	4	1	2	0	0
科研院所	1	0	0	2	0
其他	1	0	0	0	1

受让人类型（纵轴）　转让人类型（横轴）

图 3 - 1 - 3　贵州省专利转让中受让人类型

注：图中数字表示转让量，单位为件。

3.1.2　专利质押情况分析

经统计，共有 15 件专利开展了质押工作，其中，贵州力创科技发展有限公司质押 4 件专利：①专利 ZL201721431794.2，涉及一种基于物联网的通信网络故障预警设备，分别于 2020 年、2022 年进行质押，质权人均为贵阳银行股份有限公司白云支行，已解除质押；②专利 ZL201721431710.5，涉及一种局域物联网的通信网络监控系统，分别于 2020 年、2022 年进行质押，质权人均为贵阳银行股份有限公司白云支行，已解除质押；③专利 ZL201721431706.9，涉及一种基于物联网的通信数据检索系统，分别于 2020 年、2022 年进行质押，质权人均为贵阳银行股份有限公司白云支行，已解除质押；④专利 ZL201720007671.X，涉及互联网大数据管理装置，分别于 2017 年、2018 年进行质押，质权人均为贵阳银行股份有限公司高新科技支行，已解除质押。

信通达智能科技有限公司共计质押 4 件专利：①专利 ZL201922378119.3，涉及一种大数据设备的散热系统，于 2022 年进行质押，质权人为贵阳产业融资担保有限公司，尚未解除质押；②专利 ZL201910921139.2，涉及大数据提取装置及方法，于 2022 年进行质押，质权人为贵阳产业融资担保有限公司，尚未解除质押；③专利 ZL201811567408.1，涉及基于大数据存储的视频编码器以及相应终端，于 2022 年进行质押，质权人为贵阳产业融资担保有限公司，尚未解除质押；④专利 ZL201810262776.9，涉及基于云计算的检测报警方法，于 2022 年进行质押，质权人为贵阳产业融资担保有限公司，尚未解除质押。

贵州煜滕煤炭行业大数据信息中心有限责任公司共计质押 2 件专利：①专利 ZL202122316239.8，涉及一种数字煤矿三维建模用基于 GIS 的地理信息采集装置，于 2023 年进行质押，质权人为贵阳农村商业银行股份有限公司科技支行，尚未解除质押；②专利 ZL202021390809.7，涉及一种煤矿安全监控装置，于 2023 年进行质押，质权人为贵阳农村商业银行股份有限公司科技支行，尚未解除质押。

贵州迦太利华信息科技有限公司共计质押 2 件专利：①专利 ZL201810222028.8，涉及变化方向云计算评估方法，分别于 2020 年、2021 年进行质押，质权人均为贵阳银行股份有限公司双龙航空港支行，已解除质押；②专利 ZL201810199090.X，涉及基于图像的大数据分析装置，分别于 2020 年、2021 年进行质押，质权人均为贵阳银行股份有限公司双龙航空港支行，已解除质押。

贵阳维隆塑胶有限公司质押的专利 ZL201521096747.8，涉及一种 RFID 超高频物联识别管理系统，分别于 2017 年、2018 年、2022 年进行质押，质权人分别为贵阳银行股份有限公司高新科技支行、贵阳银行股份有限公司花溪支行，已解除质押，该专利现已失效。

贵阳风驰科技有限公司质押的专利 ZL201110220806.8，涉及一种统一调度云计算远端资源的方法及系统，分别于 2019 年、2021 年进行质押，质权人均为贵阳银行股份有限公司高新科技支行，已解除质押。

贵阳高登世德金融科技有限公司质押的专利 ZL201920316192.5，涉及一种安全性能高的基于区块链安全节点的证券产品电子交易设备，于 2023 年进行质押，质权人为贵阳农村商业银行股份有限公司科技支行，尚未解除质押。

3.1.3　专利许可情况分析

经统计，共计有 2 件专利开展许可工作。第一件专利 ZL201920094578.6，涉及一种高寿命区块链数据同步装置，许可人为贵州晨和环宇科技有限公司，被许可人为遵义昌振思科技有限公司，许可类型为普通许可。该专利通过设置气泵、贴板和弹簧，多个中央处理器（CPU）可以轮流工作，在每个 CPU 工作时，气泵吹风经过通风管，从倾斜的出风管吹出，对 CPU 表面进行降温，同时风推动贴板，使贴板贴合在 CPU 表面，对 CPU 表面产生的热量进行传导，当气泵停止工作时，弹簧复原带动贴板与 CPU 分离，防止贴板残留的热量影响 CPU 的使用寿命，有利于改善散热效果，进而提高 CPU 的使用寿命，保证了数据的实时同步。

第二件专利 ZL201810274998.2，涉及基于 Redis 的数据存储方法、读取方法及装置，许可人为贵阳朗玛信息技术股份有限公司，分别许可给贵阳朗玛视讯科技有限公司、贵阳朗玛通信科技有限公司、贵阳叁玖互联网医疗有限公司、广州启生信息技术有限公司，许可类型为普通许可。该专利存储方法可用于对大量统计数据的实时存储等。

3.2 商标运用现状分析

对 84 家调研主体进行商标运用方式分析，其调研结果包含非数字经济发展相关商标的运用情况，按照质押融资、价值评估、转让、许可、作价入股、自主实施共 6 种方式进行统计，如图 3 - 2 - 1 所示，可以看出，除自主实施外，商标整体运用较少，其中已有 6 家调研主体进行了商标价值评估；有 3 家进行了商标质押融资；在商标权转让、商标许可、商标作价入股方式上则无调研主体进行相关运用。在商标领域，数字经济的发展对商品服务分类的现有规则带来了挑战，贵阳朗玛信息技术股份有限公司围绕其现有业务领域（互联网医疗、电信语音增值、移动互联网通信与娱乐等）广泛开展商标布局工作，对其业务领域进行全覆盖，打造企业品牌，以商标品牌带动业务发展。

对现有重点企事业单位商标维持情况进行统计，从侧面反映重点企事业单位商标运用现状，如图 3 - 2 - 2 所示，可以看出，重点企事业单位注册商标中，维持 1～5 年的居多，共计有 1031 件商标已维持 1～5 年；其余维持 6 年的商标共计 89 件；维持 7 年的商标共计 30 件；维持 8 年的商标共计 32 件；维持 9 年的商标共计 27 件；共计有 71 件商标已维持 10 年以上，这部分商标维持年限久远，表明商标对重点企事业单位具有较高的意义及运用价值。

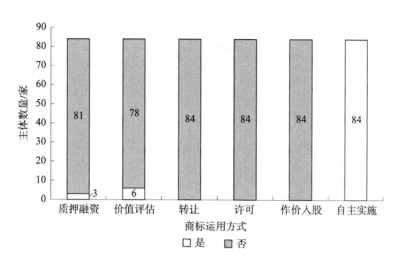

图 3 - 2 - 1　贵州省调研主体商标运用情况

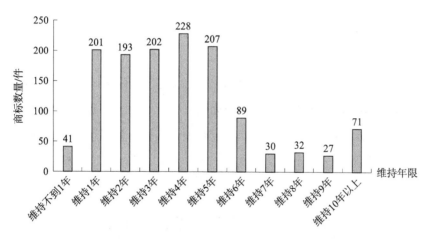

图 3 - 2 - 2　贵州省注册商标维持情况

3.3　计算机软件著作权运用现状分析

在数字经济时代，软件行业持续保持着高速发展，成为高新技术发展的热点。计算机软件在企业经营中的应用愈发广泛，贵州益佰制药股份有限公司在2004 年 3 月于上海证券交易所挂牌上市，同时成为贵州省第一家拥有制药资质的民营企业，贵州益佰制药股份有限公司通过建设工业数字化平台，整合信息资源，提升企业经济效益，成功实现工业互联网转型。

贵州大学省部共建公共大数据国家重点实验室在 DOLFIN 四维流量调度技术、全球负载和网络流量调度技术等多项高新技术方面有了一定突破，并与贵州白云山科技有限公司进行合作，解决了数万台服务器大规模分布式协同的技术问题，高效地连接了全球数百家网络运营商。

由贵阳信息技术研究院、中国科学院软件研究所、贵州中科享链云科技有限公司联合打造的享链主权区块链联盟链是基于自主可控的享链系列产品构建的开放联盟链。在技术体系上，通过对总体架构、共识算法、密码体系等方面进行创新，掌握核心技术实现自主可控；在治理模式上，核心节点由政府及科研机构等高公信力机构掌握，采用节点准入机制，支持动态加入或者退出；在监管模式上，研发数据监管系统，可以强制屏蔽违规数据，支持合约审计，减少合约的漏洞并避免违法合约上线，有效杜绝违规应用上线运行；在应用模式上，通过享链盒子等区块链硬件设备拓展区块链与外界交互能力，实现感知物理世界、链上链下数据融合。

对 84 家调研主体进行计算机软件著作权运用方式分析，其调研结果包含非数字经济发展相关计算机软件著作权的运用情况，按照质押融资、价值评估、转让、许可、作价入股、自主实施共 6 种方式进行统计，如图 3-3-1 所示，可以看出，除自主实施外，已有 13 家调研主体进行了计算机软件著作权价值评估；有 5 家调研主体进行了计算机软件著作权质押融资；有 2 家调研主体进行了计算

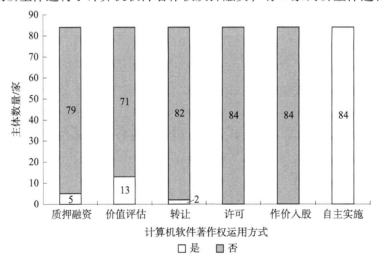

图 3-3-1　贵州省调研主体计算机软件著作权运用情况

机软件著作权转让；在计算机软件著作权许可和作价入股方式上则无调研主体进行相关运用。

3.4　集成电路布图设计运用现状分析

新兴的终端产品市场及应用技术是拉动集成电路布图设计运用的核心动力。目前，汽车产业、移动互联网、信息家电、人工智能、物联网、云计算、区块链、量子计算、智能电网、安防监控、5G 移动通信等战略性新兴产业和重点领域的应用需求都离不开集成电路布图设计。

对 84 家调研主体进行集成电路布图设计运用方式分析，其调研结果包含非数字经济发展相关集成电路布图设计的运用情况，按照质押融资、价值评估、转让、许可、作价入股、自主实施共 6 种方式进行统计，如图 3 - 4 - 1 所示，可以看出，除自主实施外，已有 8 家调研主体进行了集成电路布图设计价值评估，有 3 家调研主体进行了集成电路布图设计转让，在集成电路布图设计质押融资、许可和作价入股方式上则无调研主体进行相关运用。

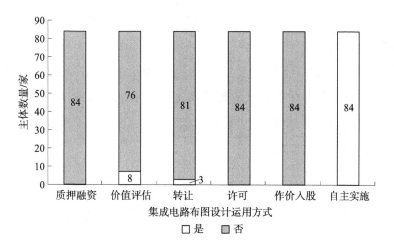

图 3 - 4 - 1　贵州省调研主体集成电路布图设计运用情况

第4章　高校及科研院所现存有效专利摸底

高校及科研院所作为科技创新的摇篮和前沿阵地，承载着推动科技进步和产业升级的重要使命。在这些机构中，现存的有效专利不仅是科研人员智慧和努力的结晶，更是宝贵的技术研究成果资源。从前述分析可以看出，目前，数字经济领域专利成果运用主要集中于相关技术所涉企业，而高校及科研院所开展运用工作的情况则较少。高校及科研单位现存专利的价值有待开发，技术推广工作有待开展。在数字经济这一全新时代背景下，有效运用高校及科研院所的专利成果显得尤为重要。数字经济正以其独特的魅力和强大的生命力，深刻改变着人们的生产、生活和管理方式，而高校及科研院所的专利成果正是推动数字经济持续健康发展的关键动力。

本章对贵州省贵阳市高校及科研院所的有效专利情况进行摸底分析，并重点针对专利转移转化的现状进行分析，以专利数据作为研究对象，在获取高校及科研院所技术掌握情况的基础上，了解现阶段转移转化工作开展情况，对比云南省昆明市、四川省成都市的高校及科研院所，以及部分国内高校专利运用工作情况，收集专利运用工作典型案例并开展分析，为未来贵州省数字经济领域知识产权创造、运用工作提供信息支撑。

4.1　贵阳市高校及科研院所现存有效专利情况

4.1.1　现存有效专利数量及维持年限情况

通过对贵阳市高校及科研院所的 10190 件有效专利及维持年限进行统计分

析，可以得到图 4 - 1 - 1 所示的贵阳市高校及科研院所有效专利及维持年限，以及图 4 - 1 - 2 所示的贵阳市高校及科研院所各类有效专利维持年限。

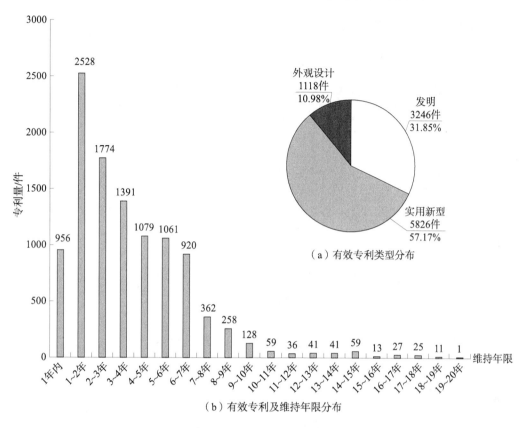

（a）有效专利类型分布

（b）有效专利及维持年限分布

图 4 - 1 - 1　贵阳市高校及科研院所有效专利类型及维持年限

由图 4 - 1 - 1 和 4 - 1 - 2 可以看出，贵阳市高校及科研院所授权有效且持续维持的专利主要是实用新型专利，其次是发明专利，外观设计专利是贵阳市高校及科研院所持续维持最少的专利；从维持年限上来看，主要维持时间保持在 7 年以内，且维持 1~4 年的专利数量最多，具体到三种类型专利来看，发明专利维持时间主要集中在 1~9 年专利数量最多，实用新型专利维持时间主要集中在 6 年以内的专利数量最多，外观设计专利维持时间主要集中在 6 年以内的专利数量最多。

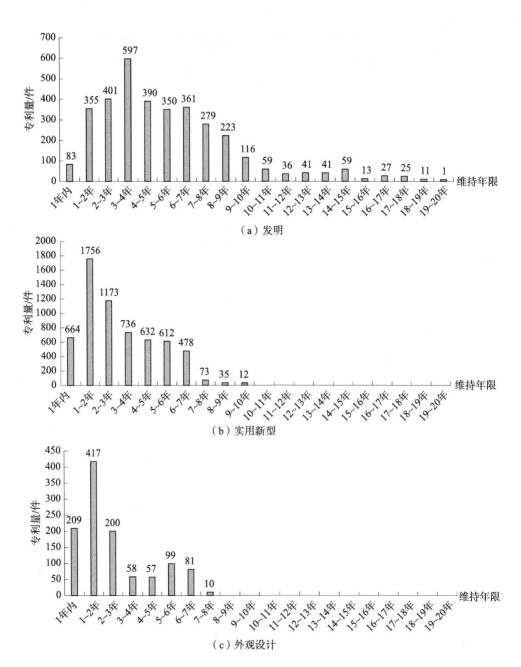

图4-1-2　贵阳市高校及科研院所不同类型有效专利维持年限

4.1.2　现存有效专利技术分布情况

通过对贵阳市高校及科研院所的有效专利涉及行业技术分布进行统计分析，

可以得到图 4-1-3 所示的贵阳市高校及科研院所有效专利技术分布，可以看出，贵阳市高校及科研院所拥有的有效专利中，技术创新涉及专用设备制造技术领域的专利数量最多，达到 5352 件，是贵阳市高校及科研院所主要的技术创新及维持方向；仪器仪表制造（5137 件）和金属制品、机械和设备修理（4674 件）的专利数量均在 4000 件以上，为贵阳市高校及科研院所较为重要的技术创新及维持方向，此三大技术创新及维持方向可以视为贵阳市高校及科研院所重点研究及重点维护的技术方向。

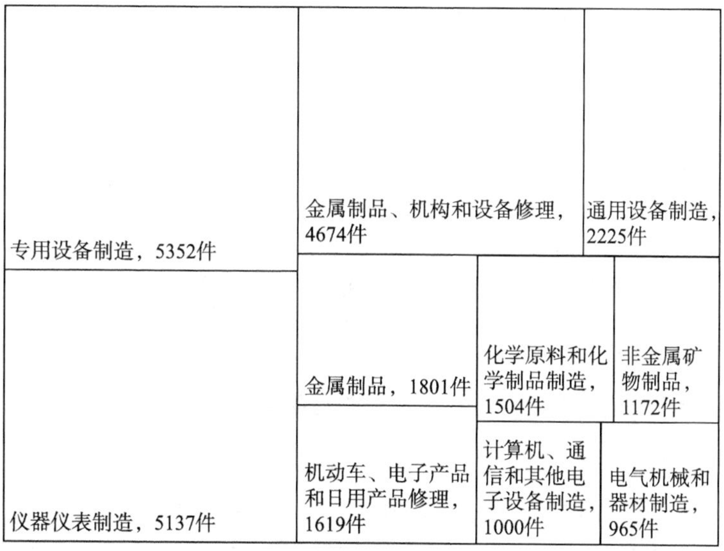

图 4-1-3　贵阳市高校及科研院所有效专利技术分布
注：图中数字表示有效专利量，单位为件。

4.1.3　现存有效专利数量排名靠前高校及科研院所分析

通过对贵阳市高校及科研院所的有效专利主要申请人进行统计分析，可以得到贵阳市高校及科研院所有效专利主要申请人排名，如图 4-1-4 所示。可以看出，在贵阳市高校及科研院所中，贵州大学是拥有有效专利最多的单位，贵州民族大学、贵州师范大学也拥有较多的有效专利，之后的主要高校及科研院所依次是贵阳学院（323 件）、贵州理工学院（311 件）、中国科学院地球化学研究所（288 件）、贵州师范学院（280 件）、贵州医科大学（247 件）、贵州轻工职业技术学院（233 件）和贵阳职业技术学院（223 件）。

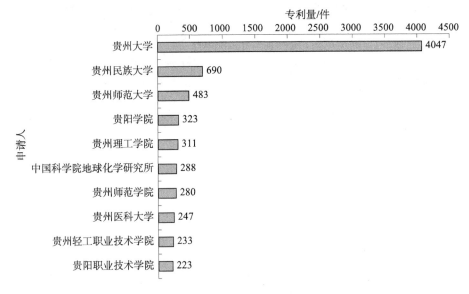

图 4 - 1 - 4　贵阳市高校及科研院所有效专利主要申请人

4.1.4　专利转移转化数量与发展趋势分析

　　针对贵阳市高校及科研院所已开展转让、许可两类转移转化有效专利的类型及申请年份进行统计，得到如图 4 - 1 - 5 所示的贵阳市高校及科研院所转移转化有效专利类型及申请趋势。可以看出，贵阳市高校及科研院所开展专利转移转化的有效专利超过九成是发明专利，说明发明专利是贵阳市高校及科研院所主要的专利转移转化类型，除发明专利外，实用新型专利也有一定的转移转化数量，外观设计专利未有进行转移转化；从专利申请年限来看，进行转移转化年限最早的专利为 2004 年申请，但开展转移转化的专利主要为 2012 年后申请，其中 2014年申请的专利是贵阳市高校及科研院所转移转化最为集中的专利。

　　按具体专利转移转化类型来分析，得到图 4 - 1 - 6 所示的贵阳市高校及科研院所各转移转化类型专利趋势。可以看出，在转让专利方面，最早的专利是 2004年申请，数量最多的是 2012 年后申请的专利，说明贵阳市高校及科研院所转让的专利主要是 2012 年后申请的专利；在许可专利方面，最早的专利是 2004 年申请，数量最多的是 2012 ~ 2017 年申请的专利。

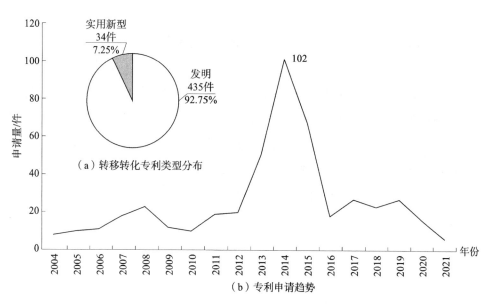

图 4 - 1 - 5　贵阳市高校及科研院所转移转化有效专利类型及申请趋势

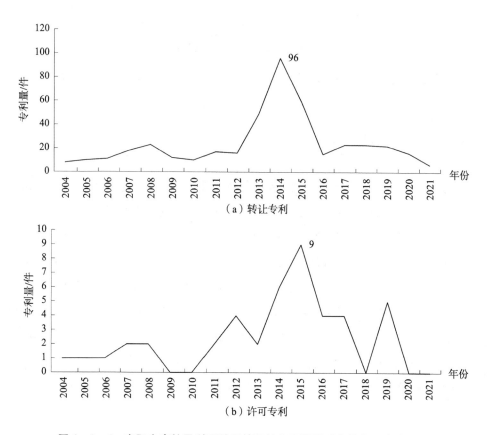

图 4 - 1 - 6　贵阳市高校及科研院所转移转化不同类型有效专利申请趋势

4.1.5 专利转移转化数量和专利申请量对比分析

针对贵阳市高校及科研院所开展转移转化有效专利的占比和专利类型进行统计，得到如图 4 - 1 - 7 所示的贵阳市高校及科研院所转移转化有效专利的占比和专利类型分布。贵阳市高校及科研院所开展转移转化工作的专利为 469 件，可以看出，在开展转移转化的专利中，发明专利占到九成以上，说明贵阳市高校及科研院所绝大部分是对发明专利开展转移转化。

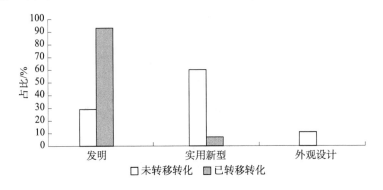

图 4 - 1 - 7 贵阳市高校及科研院所转移转化有效专利的占比和专利类型分布

4.1.6 专利转移转化类型分析

通过对贵阳市高校及科研院所转让专利和许可专利的转让年份、许可年份的分析，可以得到图 4 - 1 - 8 所示的贵阳市高校及科研院所专利转让年和许可年趋势对比，可以看出，从专利转让年来看，最初转让年为 2007 年，之后在 2011 年和 2020 年分别达到各自阶段的巅峰，分别转让了 64 件和 114 件；从专利许可年来看，最初许可年是 2007 年，在 2021 年达到了巅峰，许可了 20 件专利。

通过对贵阳市高校及科研院所有效专利转移转化主要转让人和许可人进行分析，得到图 4 - 1 - 9 和图 4 - 1 - 10。可以看出，贵州大学是贵阳市高校及科研院所中专利转让数量最多的单位，而贵州中医药大学是专利许可数量最多的单位。从整体来看，开展专利转让的高校及科研院所数量远远多于开展专利许可的高校及科研院所数量。

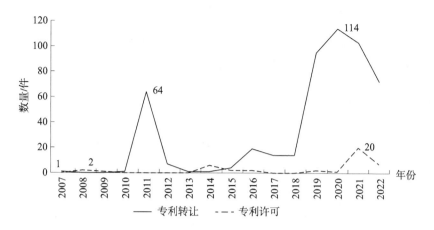

图 4 - 1 - 8 贵阳市高校及科研院所专利转让年和许可年趋势对比

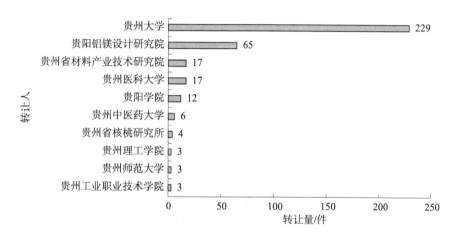

图 4 - 1 - 9 贵阳市高校及科研院所主要转让人排名

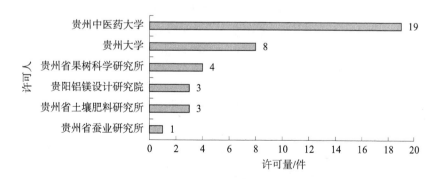

图 4 - 1 - 10 贵阳市高校及科研院所主要许可人排名

通过对贵阳市高校及科研院所有效专利转出、许可的地域情况进行分析，可以看出，从转出地域来看，贵阳市高校及科研院所转出地域有 23 个省市，其中主要是转让给贵州省本土企业，在广西壮族自治区和广东省有一定量的专利转让，其余省市的专利转让数量并不多；从许可地域来看，贵阳市高校及科研院所许可地域仅有 3 个省市，其中主要是许可给贵州省本土企业，另外，北京市和湖南省则各涉及 1 件专利许可。

通过对贵阳市高校及科研院所有效转移转化专利的技术分类情况进行统计分析，得到图 4 - 1 - 11 和图 4 - 1 - 12。可以看出，专用设备制造（261 件），金属制品、机械和设备修理（226 件）和仪器仪表制造（202 件）三个方面是贵阳市高校及科研院主要专利技术转让领域；专用设备制造（23 件）、医药制造（16件）、化学原料和化学制品制造（13 件）三个方面是贵阳市高校及科研院主要专利技术许可领域。

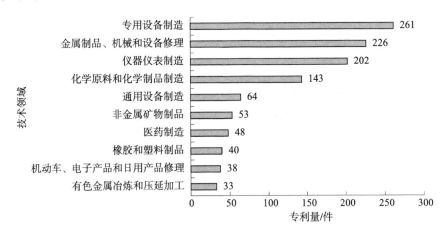

图 4 - 1 - 11 贵阳市高校及科研院所转让专利技术领域分布

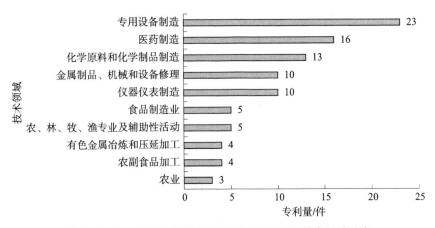

图 4 - 1 - 12 贵阳市高校及科研院所许可专利技术领域分布

4.2　有效专利转移转化周边省会城市横向对比分析

4.2.1　昆　明

4.2.1.1　专利转移转化数量与发展趋势分析

针对云南昆明的高校及科研院所已开展转让、许可两类转移转化有效专利的类型及申请年份进行统计，可以得到如图 4 - 2 - 1 所示的云南昆明的高校及科研院所转移转化有效专利类型及申请趋势。

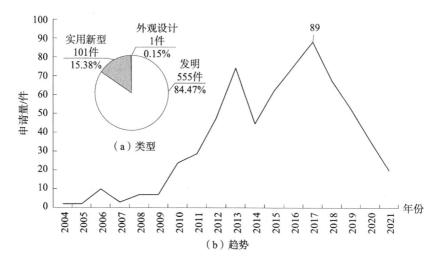

图 4 - 2 - 1　云南昆明的高校及科研院所转移转化有效专利类型及申请趋势

可以看出，云南昆明的高校及科研院所开展专利转移转化的有效专利超过八成是发明专利，说明发明专利是云南昆明的高校及科研院所主要的专利转移转化类型，除发明专利外，实用新型专利也有一定数量的转移转化，外观设计专利进行转移转化的数量较少；从专利申请年限来看，云南昆明的高校及科研院所转移转化专利申请整体呈现缓慢增长趋势，进行转移转化年份最早的专利是 2004 年，转移转化最多的是 2017 年申请的专利。按具体专利转移转化类型来分析，可以得到图 4 - 2 - 2 所示的云南昆明的高校及科研院所转移转化不同类型专利申请趋势。

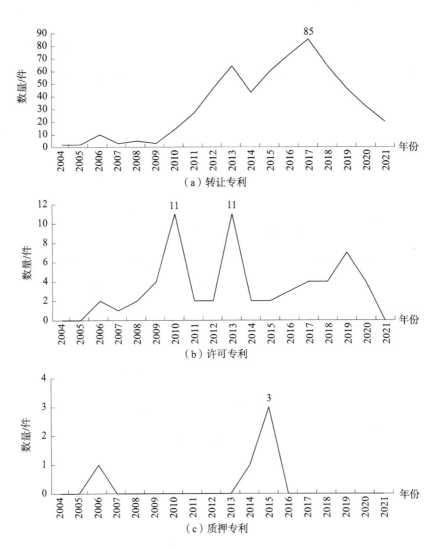

图 4-2-2 云南昆明的高校及科研院所各转移转化不同类型专利申请趋势

从图 4-2-2 可以看出，在云南昆明的转让专利方面，最早的专利是 2004 年申请，数量最多是 2017 年前后申请的专利；在许可专利方面，最早的专利是 2006 年申请，数量最多的是 2010 年和 2013 年申请；在质押专利方面，最早的专利是 2006 年申请，数量最多的是 2015 年申请。

4.2.1.2 专利转移转化数量和专利申请量对比分析

针对云南昆明的高校及科研院所开展转移转化有效专利不同类型占比进行统计，可以得到如图 4-2-3 所示的云南昆明的高校及科研院所转移转化有效专利不同类型占比分布。

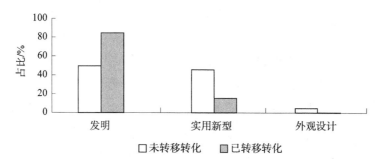

图 4 - 2 - 3　云南昆明的高校及科研院所转移转化有效专利不同类型占比情况

云南昆明的高校及科研院所转移转化专利数量为 657 件。从图 4 - 2 - 3 可以看出，开展转移转化的专利中，发明专利占到八成以上，说明云南昆明的高校及科研院所绝大部分是对发明专利开展转移转化。

4.2.1.3　专利转移转化类型分析

通过对云南昆明的高校及科研院所转让专利、许可专利和质押专利的转让年、许可年和质押年趋势分析，得到图 4 - 2 - 4。可以看出，从专利转让年来看，最初转让年为 2007 年，2022 年达到巅峰，转让 167 件；从专利许可年来看，其许可量在 2022 年达到巅峰，许可 27 件专利；从质押年来看，最初质押年是 2016 年，在 2022 年达到巅峰，质押 4 件专利。

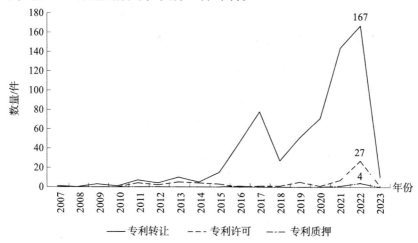

图 4 - 2 - 4　云南昆明的高校及科研院所专利转让年、许可年和质押年趋势对比

通过对云南昆明的高校及科研院所有效转移转化专利的技术分类情况进行统计分析，可以得到图4-2-5、图4-2-6和图4-2-7。如图4-2-5所示，从转让专利技术领域情况可以看出，专用设备制造业（302件），金属制品、机械和设备修理业（277件）和仪器仪表制造业（233件）3个技术领域是昆明市高校及科研院主要专利技术转让领域。如图4-2-6所示，从许可专利技术领域情况可以看出，专用设备制造业（44件），金属制品、机械和设备修理业（27件），仪器仪表制造业（24件）和化学原料和化学制品制造业（24件）4个技术领域是昆明市高校及科研院主要专利技术许可领域。如图4-2-7所示，从质押专利技术领域情况可以看出，金属制品、机械，仪器仪表制造业（4件），设备修理业（4件）和专用设备制造业（3件）3个技术领域是昆明市高校及科研院主要专利技术质押领域。

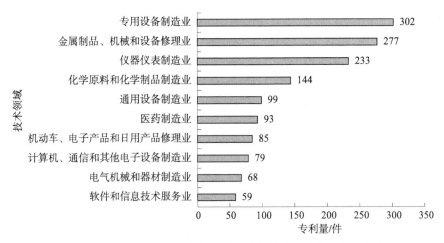

图4-2-5 云南昆明的高校及科研院所转让专利技术领域分布

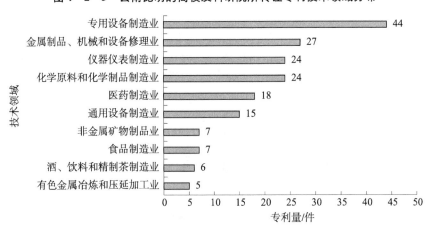

图4-2-6 云南昆明的高校及科研院所许可专利技术领域分布

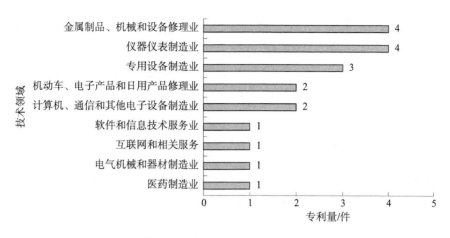

图 4 - 2 - 7 云南昆明的高校及科研院所质押专利技术领域分布

4.2.2 成 都

4.2.2.1 专利转移转化数量与发展趋势分析

针对四川成都的高校及科研院所已开展转让、许可两类转移转化有效专利的类型及申请年份进行统计，得到如图 4 - 2 - 8 所示的四川成都的高校及科研院所转移转化有效专利类型及申请趋势。

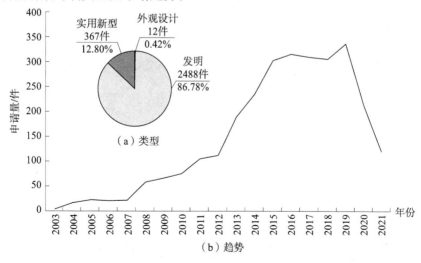

图 4 - 2 - 8 四川成都的高校及科研院所转移转化有效专利类型及申请趋势

43

可以看出，四川成都的高校及科研院所开展专利转移转化的有效专利超过八成是发明专利，发明专利是四川成都的高校及科研院所主要的专利转移转化类型，除发明专利外，实用新型专利也有一定数量的转移转化，外观设计专利转移转化的数量较少。从专利申请年限来看，四川成都的高校及科研院所转移转化专利申请整体呈现缓慢增长趋势，转移转化年份最早的专利是 2003 年申请的，数量最多的是 2019 年申请的专利。

按具体专利转移转化类型来分析，得到图 4-2-9 所示的四川成都的高校及科研院所转移转化不同类型专利申请趋势。

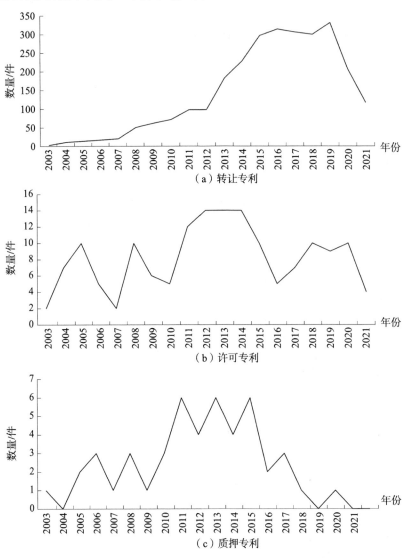

图 4-2-9 四川成都的高校及科研院所转移转化不同类型专利申请趋势

在转让专利方面，最早的专利是 2003 年申请的，数量最多的是 2015～2019 年申请的专利；在许可专利方面，最早的专利是 2003 年申请的，数量最多的是 2012～2014 年申请的专利；在质押专利方面，最早的专利是 2003 年申请的，数量最多的是 2011～2015 年申请的专利。

4.2.2.2 专利转移转化数量和专利申请量对比分析

针对四川成都的高校及科研院所开展转移转化有效专利不同类型占比进行统计，得到如图 4-2-10 所示的四川成都的高校及科研院所转移转化有效专利不同类型分布。四川成都的高校及科研院所转移转化的专利有 2867 件，可以看出，发明专利占到总专利量的八成以上，说明四川成都的高校及科研院所绝大部分是对发明专利开展转移转化。

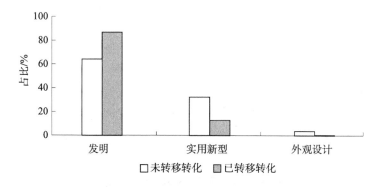

图 4-2-10 四川成都的高校及科研院所转移转化有效专利不同类型占比情况

4.2.2.3 专利转移转化类型分析

通过对四川成都的高校及科研院所转让专利、许可专利和质押专利的转让年、许可年和质押年趋势对比分析，可以得到图 4-2-11，从专利转让年来看，转让最早年为 2006 年，2021 年达到巅峰，转让 679 件专利；从专利许可年来看，许可最早年为 2008 年，在 2022 年达到巅峰，许可 35 件专利；从质押许可年来看，质押最早年是 2012 年，在 2021 年达到巅峰，质押 16 件专利。

通过对四川成都的高校及科研院所有效转移转化专利的技术分类情况进行统计分析，可以得到图 4-2-12、图 4-2-13 和图 4-2-14。如图 4-2-12 所示，从专利转让技术领域情况可以看出，仪器仪表制造业（1559 件），金属制品、机械和设备修理业（1272 件）和专用设备制造业（1184 件）3 个技术领域是四川成都的高校及科研院主要的专利技术转让领域。如图 4 - 2 - 13 所示，从专利许可技术领域情况可以看出，专用设备制造业（104 件）、仪器仪表制造业（93 件）和化学原料和化学制品制造业（78 件）3 个技术领域是四川成都的高校及科研院的主要专利技术许可领域。如图 4 - 2 - 14 所示，从专利质押技术领域情况可以看出，专用设备制造业（23 件）、仪器仪表制造业（20 件）和化学原料和化学制品制造业（19 件）3 个技术领域是四川成都的高校及科研院主要的专利技术质押领域。

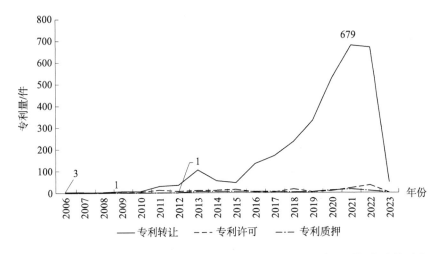

图 4 - 2 - 11　四川成都的高校及科研院所专利转让年、许可年和质押年趋势对比

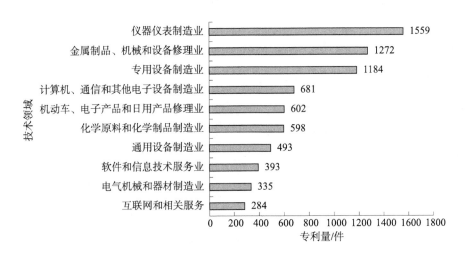

图 4 - 2 - 12　四川成都的高校及科研院所转让专利技术领域分布

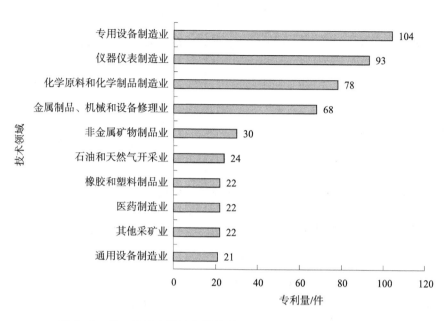

图4-2-13　四川成都的高校及科研院所许可专利技术领域分布

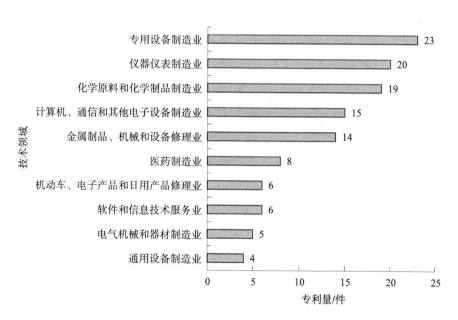

图4-2-14　四川成都的高校及科研院所质押专利技术领域分布

4.3 有效专利转移转化部分高校纵向对比分析

4.3.1 清华大学

4.3.1.1 专利转移转化数量与发展趋势分析

针对清华大学已开展转让、许可两类转移转化有效专利的类型及申请年份进行统计，可以得到如图4-3-1所示的清华大学转移转化有效专利类型及申请趋势。可以看出，清华大学开展专利转移转化的有效专利超过九成是发明专利，发明专利是清华大学主要的专利转移转化类型，除发明专利外，实用新型专利也有一定的转移转化，外观设计专利转移转化的数量较少；从专利申请年限来看，清华大学进行转移转化年份最早的专利是2003年申请的，转移转化数量最多的是2014年申请的专利。

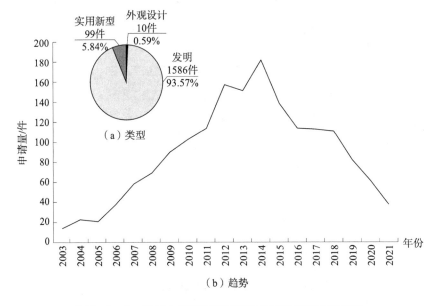

图4-3-1 清华大学转移转化有效专利类型及申请趋势

由专利转移转化具体类型可以得到图4-3-2所示的清华大学各转移转化不

同类型专利申请趋势。在专利转让方面，最早的专利是 2003 年申请的，数量最多的是 2014 年申请的专利；在专利许可方面，最早的专利是 2003 年申请的，数量最多的是 2009 年前后申请的专利。

（a）转让专利

（b）许可专利

图 4 – 3 – 2　清华大学各转移转化不同类型专利申请趋势

4.3.1.2　专利转移转化数量和专利申请量对比分析

针对清华大学开展转移转化有效专利的不同类型进行统计，可以得到如图 4 – 3 – 3 所示的清华大学转移转化有效专利的不同类型占比。清华大学转移转化的专利有 1695 件，可以看出，其中发明专利占到专利总量的九成以上，说明清华大学转移转化的专利绝大部分是发明专利。

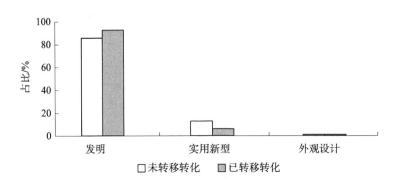

图4-3-3 清华大学转移转化有效专利不同类型占比情况

4.3.1.3 专利转移转化类型分析

通过对清华大学所转让专利和许可专利的转让年和许可年趋势对比分析，可以得到图4-3-4，可以看出，从专利转让年来看，转让最早年为2005年，2021年达到峰值，转让352件；从专利许可年来看，许可最早年是2008年，2022年达到峰值，许可25件专利。

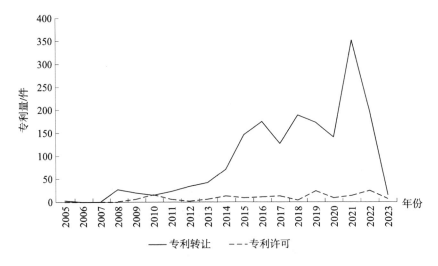

图4-3-4 清华大学专利转让年和许可年趋势对比

通过对清华大学有效转移转化专利的技术分类情况进行统计分析，可以得到图4-3-5和图4-3-6。如图4-3-7所示，从专利转让技术领域情况可以看出，仪器仪表制造业（1012件），金属制品、机械和设备修理业（859件），专用设备制造业（574件）3个技术领域是清华大学主要的专利技术转让领域。如

图 4-3-8 所示，从专利许可技术领域情况可以看出，仪器仪表制造业（113件），专用设备制造业（88 件），金属制品、机械和设备修理业（53 件），计算机、通信和其他电子设备制造业（53 件），化学原料和化学制品制造业（53 件）这 5 个技术领域是清华大学主要的专利技术许可领域。

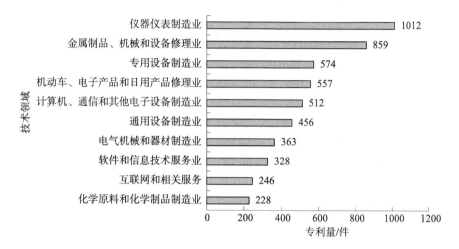

图 4-3-5　清华大学转让专利技术领域分布

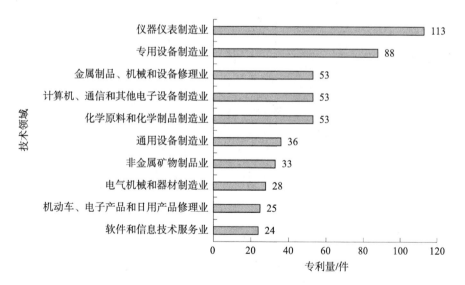

图 4-3-6　清华大学许可专利技术领域分布

4.3.2 大连理工大学

4.3.2.1 专利转移转化数量与发展趋势分析

针对大连理工大学已开展转让、许可两类转移转化有效专利的类型及申请年份进行统计，可以得到如图4－3－7所示的大连理工大学转移转化有效专利类型及申请年份趋势。可以看出，大连理工大学开展专利转移转化的有效专利近九成是发明专利，说明发明专利是大连理工大学最主要的专利转移转化类型，除发明专利外，实用新型专利也有一定的转移转化，外观设计专利未有转移转化；从专利申请年限来看，大连理工大学专利转移转化专利申请年份整体呈现逐渐增长的趋势，进行转移转化年限最早的专利是2003年申请的，转移转化最多的在2018年申请的。

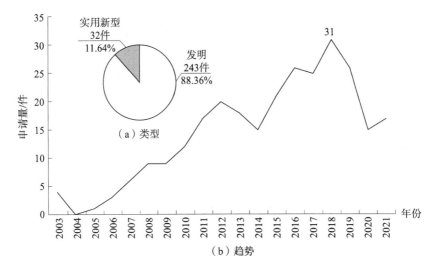

图4－3－7 大连理工大学转移转化有效专利类型及申请年份趋势

按具体专利转移转化类型来分析，可以得到图4－3－8所示的大连理工大学不同转移转化类型专利申请年份趋势，在转让专利方面，最早的专利是2005年申请，数量最多的是2018年申请的专利，说明大连理工大学转让的专利主要是2018年申请的；在许可专利方面，最早的专利是2003年申请，数量最多的是2011年、2018年、2021年申请的专利，整体上未能呈现出明显的趋势特征。

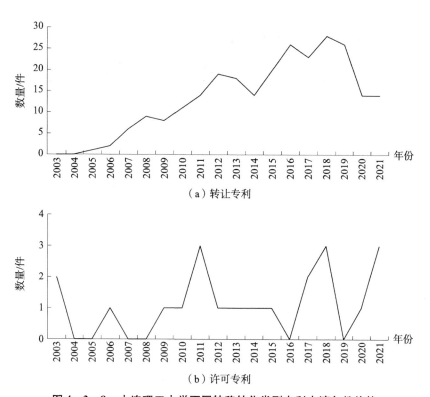

（a）转让专利

（b）许可专利

图 4 - 3 - 8　大连理工大学不同转移转化类型专利申请年份趋势

4.3.2.2　专利转移转化数量和专利申请量对比分析

针对大连理工大学开展转移转化有效专利的不同类型占比统计，得到如图 4 - 3 - 9 所示的大连理工大学转移转化有效专利的占比情况。大连理工大学专利转移转化数量有 275 件，可以看出，转移转化专利数量中发明专利占到近九成，说明大连理工大学转移转化专利中绝大部分是发明专利。

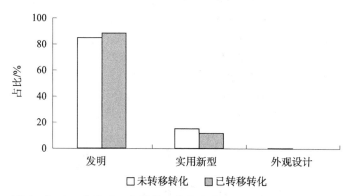

图 4 - 3 - 9　大连理工大学转移转化有效专利不同类型占比情况

4.3.2.3 专利转移转化类型分析

通过对大连理工大学转让专利和许可专利的转让年和许可年的趋势对比分析，可以得到图 4 – 3 – 10 大连理工大学专利转让年和许可年对比，从专利转让年来看，转让最早年为 2008 年，2022 年达到峰值，转让 73 件专利；从专利许可年来看，许可最早年是 2010 年，2022 年达到峰值，许可 4 件专利。

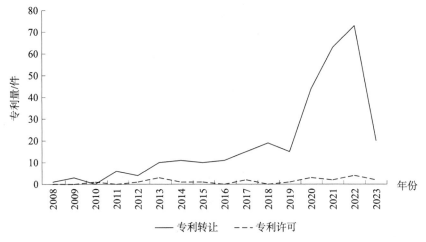

图 4 – 3 – 10 大连理工大学专利转让年和许可年趋势对比

通过对大连理工大学有效转移转化专利的技术分类情况进行统计分析，可以得到图 4 – 3 – 11 和图 4 – 3 – 12。如图 4 – 3 – 11 所示，从转让专利技术领域情况可以看出，金属制品、机械和设备修理业（143 件），专用设备制造业（132

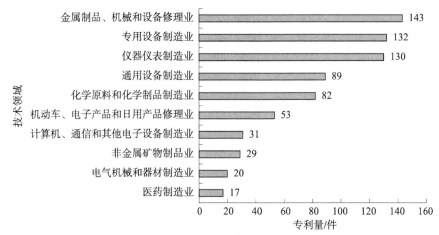

图 4 – 3 – 11 大连理工大学转让专利技术领域分布

件），仪器仪表制造业（130 件）3 个技术领域是大连理工大学主要的专利技术转让领域。如图 4-3-12 所示，从许可专利技术领域情况可以看出，专用设备制造业（12 件），化学原料和化学制品制造业（11 件），金属制品、机械和设备修理业（8 件）3 个技术领域是大连理工大学主要的专利技术许可领域。

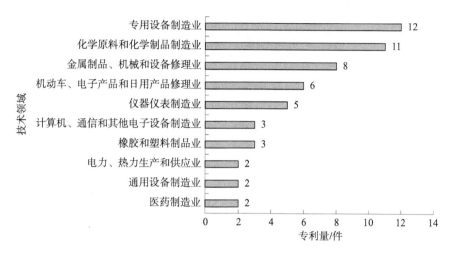

图 4-3-12 大连理工大学许可专利技术领域分布

4.3.3 四川大学

4.3.3.1 专利转移转化数量与发展趋势分析

针对四川大学已开展转让、许可两类转移转化有效专利的类型及申请年份进行统计，可以得到如图 4-3-13 所示的四川大学转移转化有效专利类型及申请年份趋势。可以看出，四川大学开展专利转移转化的有效专利超过九成是发明专利，发明专利是四川大学主要的专利转移转化类型，除发明专利外，实用新型专利也有一定的转移转化，外观设计专利转移转化的数量最少；从专利申请年限来看，四川大学专利转移转化专利申请年份整体呈现缓慢增长趋势，转移转化最早的专利是 2003 年申请的专利，转移转化数量最多的是 2018 年申请的专利。

按具体专利转移转化类型来分析，可以得到图 4-3-14 所示的四川大学转移转化类型专利申请年份趋势。在专利转让方面，最早的专利是 2003 年申请的专利，数量最多的是 2018 年申请的专利；在专利许可方面，最早的专利是 2004

年申请的专利，数量最多的也是 2004 年申请的专利，说明四川大学专利许可主
要是 2004 年。

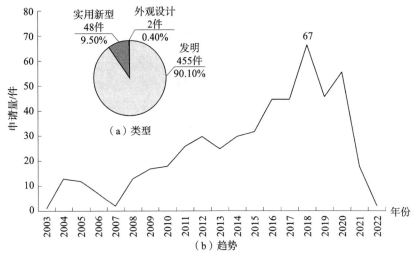

图 4 - 3 - 13 四川大学转移转化有效专利类型及申请年份趋势

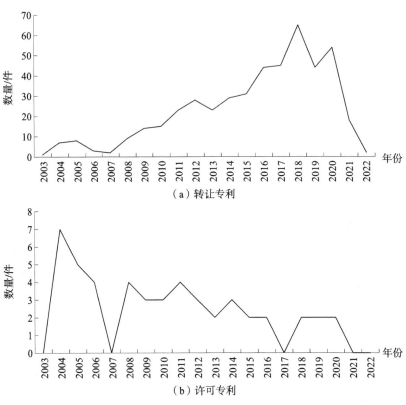

图 4 - 3 - 14 四川大学各转移转化类型专利申请年份趋势

针对四川大学开展转移转化有效专利不同类型占比分布统计，得到如图 4 - 3 - 15 所示的四川大学转移转化有效专利不同类型占比情况。四川大学转移转化专利数量有 505 件，可以看出，转移转化专利数量中发明专利占到九成以上，说明四川大学转移转化专利绝大部分是发明专利。

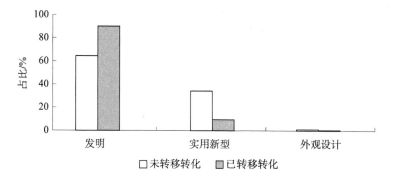

图 4 - 3 - 15　四川大学转移转化有效专利不同类型占比情况

4.3.3.2　专利转移转化类型分析

通过对四川大学所转让专利和许可专利的转让年和许可年趋势对比分析，得到图 4 - 3 - 16。可以看出，从专利转让年来看，转让最早年为 2006 年，2022 年达到峰值，转让 134 件专利；从专利许可年来看，许可最早年是 2008 年，2022 年达到峰值，许可 12 件专利。

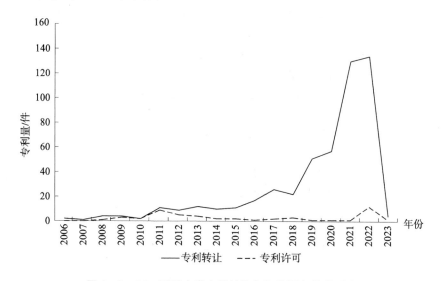

图 4 - 3 - 16　四川大学专利转让年和许可年趋势对比

通过对四川大学有效转移转化专利的技术分类情况进行统计分析，得到图 4-3-17 和图 4-3-18。如图 4-3-17 所示，从转让专利技术领域情况可以看出，专用设备制造业（334 件），仪器仪表制造业（271 件），化学原料和化学制品制造业（200 件）3 个技术领域是四川大学主要的专利技术转让领域。如图 4-3-18 所示，从许可专利技术领域情况可以看出，专用设备制造业（36 件），仪器仪表制造业（31 件），化学原料和化学制品制造业（29 件）3 个技术领域是四川大学主要的专利技术许可领域。

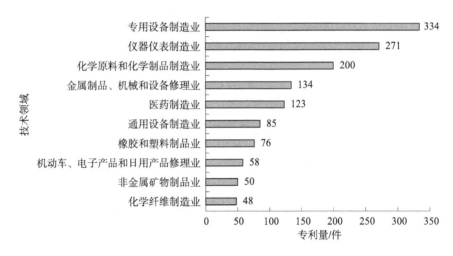

图 4-3-17　四川大学转让专利技术领域分布

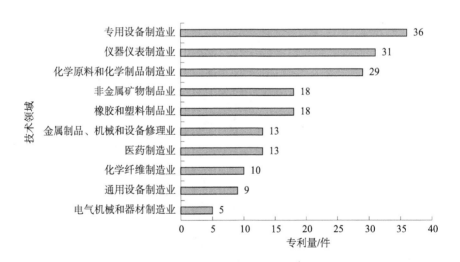

图 4-3-18　四川大学许可专利技术领域分布

第5章 有效专利运用典型案例

本章综合考虑专利运用典型案例的实用性、市场影响力、成功转化示范性和推广性等多个方面，对专利成果运用成功案例进行收集与分析。通过广泛收集来自不同行业、不同领域的专利运用案例，总结其成功经验，提炼出专利运用策略及转化模式，为未来数字经济领域的专利成果运用、产学研合作提供重要的参考和借鉴，有助于推动专利成果的更好转化和应用。

5.1 太原理工大学智能装备重点技术攻关案例

5.1.1 案例背景

在钢铁材料轧制领域，随着现代科学技术的进步和发展，钢铁材料轧制过程的装备水平越来越高，自动化程度也越来越高。这些提升对于降低生产成本、提高生产率大有裨益，但其生产过程对轧制规程、轧辊、温度和润滑条件等工艺制度依赖性极强，对产品尺寸精度、板形、力学性能等质量稳定性也有极为严格的控制要求。太原理工大学围绕行业领域内重大共性技术需求，开展了基于数据驱动的钢铁轧制数字化协同制造技术研发。以工业互联网为载体、数字孪生为核心、钢铁轧制过程数字化协同制造为手段，研发了基于工业互联网的云边端数据采集与异构数据处理、轧制过程动态数字孪生模型和数字化协同制造等核心技术，形成了一整套钢铁轧制数字化协同制造系统关键技术与平台解决方案，满足了钢铁行业绿色低碳发展需求。

5.1.2　转化过程

太原理工大学先进成形与智能装备团队（以下简称"研究团队"）在板带轧制装备智能化设计与软件开发方面已获美国发明专利 3 件，中国发明专利 11 件，计算机软件著作权 7 件，构筑了坚实的核心技术壁垒，并荣获 2021 年山西省科技进步奖一等奖。太原理工大学积极对接多家装备设计和钢铁生产企业，研究成果累计用于轧线设计与优化 30 余项。2023 年以来该项目研究成果拓展应用于中国第一重型机械集团、中国重型机械研究院股份公司、中冶南方工程技术有限公司、山西太钢不锈钢精密带钢有限公司等企业，合计新增利润 5000 余万元。❶

在合作过程中，太原理工大学的研究团队首先与企业进行沟通，了解企业在装备设计和钢铁生产方面的需求和面临的技术难题。研究团队进行深入研究，开发新技术、新工艺或新设计，涉及轧机设计、材料科学、机械工程等多个学科领域。在实际生产中测试新技术的性能，收集数据并反馈给研究团队，以便进一步优化。研究团队重视并建立长效合作机制，使企业与高校的合作常态化，促进更多科研成果的转化。

5.1.3　转化模式分析

太原理工大学先进成形与智能装备团队在板带轧制装备智能化设计与软件开发方面的技术攻关转化模式展现了高度的创新性和实用性。该模式的特点主要包括以下三个方面。

第一，强大的研发实力。研究团队已经获得了美国发明专利 3 件、中国发明专利 11 件和计算机软件著作权 7 件，这证明了其在板带轧制装备智能化设计与软件开发领域的深厚技术积累和创新能力为其在该领域保持领先地位提供了有力保障。

第二，紧密的产学研合作。太原理工大学积极对接多家装备设计和钢铁生产企业，将研究成果应用于实际生产中。通过与企业的紧密合作，研究团队能

---

❶　山西发布. 山西省专利产业化典型案例 ［EB/OL］. （2024 – 04 – 24）［2024 – 05 – 30］. https：// m. thepaper. cn/baijiahao_27146136.

够更准确地了解市场需求和技术挑战，从而更有针对性地进行研发工作。同时，这种合作模式也有助于将科研成果快速转化为生产力，推动产业升级和技术进步。

第三，合作机制的建立。重视并建立长效合作机制是太原理工大学与企业合作的重要特点。这种机制有助于企业与高校之间的合作常态化，促进更多科研成果的转化。通过长期稳定的合作关系，企业和高校可以共同推动技术进步和产业升级，实现互利共赢。

5.1.4　案例亮点

太原理工大学紧密围绕我国冶金成套装备设计企业及钢铁生产企业的实际需求，聚焦关键技术难题进行攻关，并高度重视专利技术的实际应用与转化，成功实现了经济效益的显著提升。

5.2　华南理工大学专利产业化案例

5.2.1　案例背景

华南理工大学位于广东省广州市，是教育部直属高校，是教育部与广东省人民政府共建的全国重点大学。华南理工大学研发的基于拉伸流变的高分子材料塑化输运方法及设备通过一组具有确定几何形状的空间，它们的容积可以依次由小到大再由大到小周期性变化，容积变大时纳入物料，容积变小时压实、塑化并排出物料，实现正应力起主要作用的物料塑化输运。该技术由具有圆柱内腔的定子、置于定子内腔中并与定子偏心的转子、布置在转子的直径方向并沿圆周方向均匀分布的若干叶片和布置在定子两侧的挡料盘组成叶片塑化输运单元。定子内表面、转子外表面、两叶片及两挡料盘围成上述具有确定几何形状的空间。叶片塑化输运单元可与各种螺杆挤压单元或各种柱塞注射单元组合成挤出机或注射机的叶片塑化注射装置，具有物料热机械历程短、能耗低、适应性广以及体积小等特点。

5.2.2 转化过程

在专利转化方面，华南理工大学一直是国内高校的佼佼者，一度位列中国大学专利技术转让排行榜的首位。实践中，华南理工大学摸索出了一系列卓有成效的专利成果转化模式。采用专利池打包、转让、实施许可、作价入股创办企业等多种模式盘活专利资产。该学校还针对目标企业，强化技术交流，有针对性地开展重点企业知识产权服务，解决企业技术难题，形成长期合作关系，甚至共建成果转化企业。专利转化工作不仅将华南理工大学的专利转化为生产利器，还为学校带来新的技术升级需求，形成产学研合作的良性循环。

数据显示，近 5 年，华南理工大学有超过 1000 件专利实现转化，76% 在广东落地实施，惠及广东省 18 个地市 400 余家企业。学校推动 19 项科技成果作价入股，其中近 200 件专利作价入股金额超过 1.5 亿元，与社会资本合作创办高新技术企业 17 家。❶

其中，"基于拉伸流变的高分子材料塑化输送方法及设备"专利由中国工程院院士、华南理工大学教授瞿金平研发，突破了高分子材料加工行业的技术瓶颈，于 2020 年以超过 2000 万元的价格将其专利转让给了广东星联科技有限公司（以下简称"星联科技公司"），刷新了华南理工大学向佛山企业转让单件专利的金额纪录。早在 2015 年，星联科技公司对 ERE 技术进行产业化，推出了可回收利用的高保膜，产品在新疆地区投入使用后，农民的农作物产量大大提高，每亩地增产 22 公斤，增收超过 170 元，回收率高达 95%。"先合作后转让"模式是达成此次合作的基础。经过长期的产业化实践，对该专利的成功转化有足够的底气与把握。❷

华运通达科技集团是华南理工大学凭借专利作价入股成立的一家代表性企业。2017 年，该学校挑选了 24 件专利入股企业，作价 3500 万余元。在这批专利

---

❶ 冯飞. 近 5 年专利转化金额达 7 亿元！华南理工大学怎么做到的？[EB/OL]. （2024 – 03 – 18）[2024 – 05 – 30]. https：//mp. weixin. qq. com/s？_biz = MzA3NDI3NjAyMg = = &mid = 2649734950&idx = 1&sn = ae4ab8c1c003138602358d6ea90b8a93&chksm = 862245f5403014fd5679aeb3154a5880bbca9d361711a7930 e857c1ef8fb1fbc38928f937ecb&scene = 27.

❷ 佛山市工商业联合会. 超 2000 万！星联科技与华南理工大学完成专利转让 [EB/OL]. （2020 – 05 – 22）[2024 – 05 – 30]. https：//baijiahao. baidu. com/s？id = 1667360582203263751&wfr = spider&for = pc.

的支撑下，该公司生产的高韧超薄沥青磨耗层具有降噪、抗划、抗裂等多重优势，已成功应用于中国第一历史档案馆重要路段、广州白云国际机场、港珠澳大桥人工岛通道等 200 多个大型项目，2023 年的销售额达到 1.5 亿元。❶

华南理工大学与企业共建了 130 个校企联合实验室，为学校与企业搭建了高效的专利转化平台。聚焦新一代信息技术、生物与健康、高端装备制造、新材料、新能源与节能环保等领域，结合产业布局，推动与行业龙头企业共建校企联合实验室，为战略性新兴产业发展提供了技术支撑。例如其滤波天线相关专利通过实施许可形式在京信通信技术（广州）有限公司应用，效果非常好，为了扩大技术成果产业化规模及加深双方的长期合作，2018 年，学校与该公司共建校企联合实验室，双方在专利成果转化、技术二次研发及人才培养等多方面开展深层次合作。

5.2.3　转化模式分析

华南理工大学依托地缘优势和学校"以工见长"的办学优势，不断通过专利实施转让、专利作价入股、成立校企实验室等模式，大力推动专利产业化，实现了与地方产业全方位、深层次、宽领域的合作。该模式的特点主要包括以下三个方面。

第一，先合作后转让，该模式降低了技术转让的风险，因为双方通过合作对技术有了更深入的了解，可以在合作过程中共同解决可能出现的技术难题。此外，合作过程中的经验积累也有助于双方更好地评估技术的市场价值，从而更准确地确定转让价格。

第二，专利作价入股提高科研人员转化意愿，专利作价入股不仅为科研人员提供了经济上的回报，还使他们能够更直接地参与到企业的技术创新和产品开发中，从而增强他们的归属感和成就感。此外，这种方式还有助于建立稳定的校企合作关系，促进双方的长期合作与发展。

第三，依托校企实验室搭建专利转化平台，校企实验室为学校和企业提供了一个交流和合作的平台，有助于双方深入了解彼此的需求和资源优势，从而更有

---

❶ 冯飞."华工力量"促创新"华工模式"促转化［EB/OL］.（2024 - 03 - 15）［2024 - 05 - 30］. https：//www. cnipa. gov. cn/art/2024/3/15/art_3296_191007. html.

效地推动技术成果的转化和应用。此外，校企实验室还可以为企业研发人员提供培训和交流的机会，促进双方在技术创新和产品开发方面的合作与交流。

5.2.4 案例亮点

在实践中，华南理工大学经过深入探索，构建了一系列高效的专利成果转化模式。这一模式的核心在于激活实验室中的专利，使其不再"沉睡"，而是转化为实际生产力。其关键在于持续完善转化体制，为学校的科研团队提供一个创新环境，有效地推动专利技术的转化和应用。

5.3 上海交通大学医学院专利拆分许可案例

5.3.1 案例背景

上海交通大学医学院由教育部、国家卫生健康委员会和上海市人民政府共建，入选教育部第一批卓越医生教育培养计划项目试点高校，首批教育部、原卫生部共建高校医学院的十所部属综合性大学医学院之一，医学"双一流"建设联盟创始成员之一。其研发的增强激动型抗体活性的抗体重链恒定区序列技术，可显著增强所述抗体或融合蛋白的激动活性，提高抗体或融合蛋白在肿瘤和自身免疫等其他疾病中的治疗效果。

5.3.2 转化过程

上海交通大学医学院的某件发明专利（发明名称"增强激动型抗体活性的抗体重链恒定区序列"）权利要求覆盖多种肿瘤和多个药物靶点。上海交通大学医学院将该发明专利及其同族专利中一个靶点的专利权以独占许可方式，授权给上海一家生物技术公司实施，合同总金额约 3 亿元，外加销售额提成。此前，该发明专利的其他靶点以 8.28 亿元合同总金额外加销售额提成，独占许可给了苏州一家企业，实现了国内首次一件专利两次许可，合同总额达 11.28 亿元。[1]

5.3.3　转化模式分析

高价值专利的拆分许可策略是一种前瞻性的管理手段，它允许专利持有人根据专利的不同特点和潜在价值，将其拆分为多个部分或领域进行单独许可。这种做法极大地促进了专利的价值利用，不仅满足了不同领域企业的技术需求，而且拓展了专利的应用范围。同时，通过拆分许可，专利持有人能够根据不同部分的市场潜力和商业价值，制定合理的许可费用，从而实现专利收益的最大化。

5.3.4　案例亮点

该发明专利的权利要求覆盖多种肿瘤和多个药物靶点，为拆分许可提供了可能性。上海交通大学医学院成功地将这一专利的不同靶点分别许可给上海和苏州的两家企业，实现了专利的多元化利用，展示了高价值专利拆分许可策略的有效实施。两次许可的合同总金额高达 11.28 亿元，其中上海公司的合同金额约 3 亿元，苏州公司的合同金额高达 8.28 亿元，这在国内专利许可领域是罕见的，体现了该专利的极高商业价值和市场需求。[2] 这种将同一件专利的不同部分分别许可给两家企业的做法在国内尚属首次，不仅为专利持有人带来了丰厚的经济回报，也为专利许可模式的创新提供了有益的探索。

---

[1][2]　吴寿仁. 科技成果转移转化系列案例解析（十三）：一件发明专利如何拆分许可？［EB/OL］. （2021－03－10）［2024－05－30］. http：//www. casted. org. cn/channel/newsinfo/8053；禾才科技服务. 1 件专利 2 次许可，合同 11.28 亿：上海交大是如何做到的？［EB/OL］. （2021－01－21）［2024－05－30］. https：//baijiahao. baidu. com/s?id=1689488697967848846&wfr=spider&for=pc.

5.4　中国科学院宁波材料技术与工程研究所 专利池多元转化案例

5.4.1　案例背景

中国科学院宁波材料技术与工程研究所（以下简称"中国科学院宁波材料所"）是中国科学院在浙江省布局建立的首家国家级研究机构，是中国科学院与地方政府共同出资建设的直属科研机构。中国科学院宁波材料所硅基太阳能及宽禁带半导体团队在叶继春研究员和曾俞衡研究员的带领下，在前期隧穿氧化层钝化接触太阳能电池技术（TOPCon）太阳能研究和新型掺氮多晶硅的研究基础上，提出了一种双功能多晶硅层结构设计——掺氮多晶硅可提供优异的钝化性能并可以有效抽取载流子，常规多晶硅可提供良好的电学接触性能并可以有效输运载流子；该设计的应用使得 TOPCon 结构获得了优异的钝化性能和接触性能，为高效 TOPCon 电池设计，特别是双面接触和全背面接触的设计，以及新型多晶硅在产业化上的应用提供借鉴意义。

5.4.2　转化过程

中国科学院宁波材料所硅基太阳能及宽禁带半导体团队在叶继春研究员带领下，于 2015 年底开始布局研究 TOPCon 技术，是国内最早开展相关研究的科研机构之一，围绕等离子体增强化学气相沉积（PECVD）路线开展 TOPCon 技术的系统性研发。在科研人员的共同努力下，在电池结构设计与器件仿真模拟（正结、背结、双面钝化接触、选择性发射极、电荷隧穿传输和孔洞传输等）、关键材料与工艺开发（纳米氧化物薄膜材料及多种制备技术、掺杂多晶硅化物薄膜材料及制备、新型扩硼工艺、新型退火工艺/氢注入工艺、电极材料与工艺等），以及量产型装备技术研制（管式 PECVD、纳米氧化硅和掺杂多晶硅二合一设备）等方面取得系列成果。2023 年，中国科学院宁波材料所实现 TOPCon 技术从实验室验证到专利产品量产全面落地。

　　该所尝试"联盟＋基金＋孵化"专利池多元转化模式，依托国家新材料知识产权运营中心，构建和运营太阳能 TOPCon 系列专利池。通过专利池运营扩散技术。新材料产业知识产权联盟与 60 余家企业达成免费实施许可，专利的快捷转化帮助联盟生产企业获得先进技术。通过专利池运营吸引投资。TOPCon 系列专利产业化项目获中国科学院科技成果转化母基金首期投入资金 2000 万元，用于量产和市场开拓。[❶] 通过专利池运营孵化企业。专利池催生孵化一家中国科学院系统、自主技术的太阳能装备上市公司，得到多个行业资本、社会资本踊跃投资。

5.4.3　转化模式分析

　　中国科学院宁波材料所充分发挥光伏产业知识产权创新联合体的优势，凭借高效的产业专利池运营策略，成功促进了创新链、产业链和资金链的深度融合。这一举措不仅带来了显著的经济效益，而且为社会带来了广泛的正向影响，实现了经济效益与社会效益的双赢。

5.4.4　案例亮点

　　在中国科学院宁波材料所，由叶继春研究员领导的硅基太阳能及宽禁带半导体团队自 2015 年起就积极投身于 TOPCon 技术的研发工作，他们是我国在这一领域内的先行者。经过多年的不懈努力，终于在 2023 年实现了从实验室研发到量产化的重大突破。为了将这一先进技术转化为实际生产力，中科院宁波材料所采用了"联盟＋基金＋孵化"的专利池模式。这种模式不仅促进了 TOPCon 技术的广泛应用，还成功与多家企业建立了技术许可合作关系，吸引了大量的投资。更为重要的是，这一模式还孵化出了一家专注于太阳能装备的上市公司，充分展示了中国科学院宁波材料所在研发实力和技术转化能力上的卓越表现。

---

　　❶　全琳珉. 4.6 万件！浙江正在唤醒更多存量专利［EB/OL］.（2024 – 03 – 19）［2024 – 05 – 30］. https：//new. qq. com/rain/a/20240319A04FUG00.

5.5 贵州大学发挥专利优势助力乡村振兴案例

5.5.1 案例背景

贵州大学龙友华团队多年来面向国家战略需求，以重大项目为牵引，围绕粮食作物以及贵州特色经济作物病虫害，深入开展重大病虫害监测预警、发生规律、生防产品研发、绿色防控技术集成与创新，用辛勤与汗水全力守护粮食安全。其研发的猕猴桃种植及其病虫害绿色防控技术实施"全程健身栽培、免疫诱抗、害虫诱杀、'两前两后'施药预防溃疡病、优化生物农药为主的药剂组合、高效药械应用"等绿色防控技术，并结合猕猴桃主要病虫害发生规律、物候条件及生产实际，制定猕猴桃病虫害绿色防控防治方案和应急预案，达到"集成技术、减量增效、形成规范"的目标。

5.5.2 转化过程

近年来，贵阳市息烽县石硐镇的猕猴桃产业取得了显著突破，不仅单产和品质得到了大幅提升，而且品牌影响力和经济效益实现了跨越式发展。截至 2022 年，猕猴桃的种植规模已经扩大到 8000 余亩，挂果面积达到 2000 余亩。❶ 这一成绩的取得，使息烽县石硐镇成为贵州省水果产业发展的典范，为推动乡村振兴和农业农村现代化进程注入了强劲动力。

2004 年，贵阳市修文县的猕猴桃产业遭遇了严重的溃疡病危机，种植成果岌岌可危。然而，贵州大学研究团队迅速响应，他们不仅深入病虫害的防治工作，而且积极研发栽培技术，关注品种选育和贮藏保鲜等各个环节。经过他们的不懈努力，成功解决了猕猴桃产业中的一系列难题，为贵州大学的专利资产增添了多件重要专利，包括发明名称为"一种贵长猕猴桃专用基肥配方及制备方法"

---

❶ 刘弘一. 贵州大学发挥科研优势，助力乡村振兴 | 高校专利转化进行时［EB/OL］.（2022－08－26）［2024－05－30］. http：//finance. sina. com. cn/jjxw/2022－08－26/doc－imizirav9744733. shtml.

和"一种猕猴桃复合保鲜剂及其制备方法及猕猴桃保鲜方法"等专利。这些专利的取得，不仅彰显了研究团队的科研实力，而且为猕猴桃产业的健康发展提供了有力支撑。

2013 年年底，息烽县石硐镇开始涉足猕猴桃种植领域，但由于技术方面的短板，猕猴桃的存活率一度极低。为了扭转这一不利局面，息烽县石硐镇积极寻求外部支持，与贵州大学农学院达成了技术合作协议。根据协议，贵州大学农学院的研究团队为息烽县石硐镇提供全面的技术指导。在研究团队的帮助下，息烽县石硐镇的猕猴桃产业逐渐实现了规模化发展，种植户遍布 9 个村落。如今，猕猴桃产业不仅在息烽县石硐镇蓬勃发展，还逐渐拓展到毕节、铜仁、六盘水等多个地区。这一产业已经成为贵州农民实现脱贫增收的重要途径。2019 年，贵州省猕猴桃种植面积达到了 67.98 万亩，位居全国第三，显示出强劲的发展势头。❶

贵州以其卓越的酿酒技艺闻名于世，白酒享誉中外。然而，酿酒过程中产生的副产品——酒糟，同样具有不可忽视的价值。酒糟富含粗蛋白和多种微量元素，作为牛饲料，不仅能提升牛肉品质，而且具有较高的饲喂效益，节约喂养成本。

然而，酱酒糟饲料在应用过程中也面临保存时间短、转化效率低、成本较高等问题。为了攻克这些难题，贵州大学的陈超教授率领十余人的科研团队，深入铜仁市德江县平原镇坶田村，进行益生菌发酵酱酒糟养牛技术的实地指导。

团队在共同努力下，成功研发出发明名称为"一种固态发酵白酒糟及其制备方法和应用"等专利技术，有效解决了酱酒糟饲料的一系列问题。这些技术在贵州省范围内得到了广泛推广和应用，不仅提高了肉牛的品质，而且为企业带来了显著的经济效益，为贵州牛肉品牌的高品质发展注入了新的活力。

5.5.3　转化模式分析

贵州大学在专利成果的转移转化方面，并未采用传统的由校园"走出去"的模式，而是选择了与产业"走进来"的方式相结合。这种方式更加注重实际产业需求与产业问题的解决，从需求导向和问题导向出发，进行技术研发。这

---

❶ 刘弘一．贵州大学发挥科研优势，助力乡村振兴 | 高校专利转化进行时［EB/OL］．（2022－08－26）［2024－05－30］．http：//finance．sina．com．cn/jjxw/2022－08－26/doc－imizirav9744733．shtml．

样，产出的专利技术成果能够直接应用于满足产业需求、解决产业问题。该模式的特点主要体现在以下两个方面：第一，它与产业发展紧密结合，使得专利成果在实际应用中得到了高效利用；第二，这些专利成果针对特定技术问题具有强烈的针对性，因此在解决这些问题时效果显著。

5.5.4　案例亮点

通过"走进来"的模式，贵州大学针对当地特色农产品产业进行专利技术的转移与转化，此举不仅直接回应了农民最为关切、最为实际的需求，使专利成果的应用效果达到最大化，而且有力地推动了贵州省农村经济的蓬勃发展。农民的收入得到显著提升，企业也获得了更多的效益增长。在这一过程中，还涌现出一批特色鲜明的产业创新成果，这些成果不仅具备高效转化的潜力，更为乡村振兴注入了强劲动力，实现了创新发展的良性循环。

5.6　贵州医科大学校企合作专利科技成果作价入股案例

5.6.1　案例背景

贵州医科大学大力培育发展化学药产业，推进化学原料药、医药中间体布局，贵州医科大学汤磊教授的技术团队顺应产业发展需求，以化学原料药和中间体的生产开发为起点，研发医药中间体及化学原料药项目，包含 7 项医药中间体及原料药生产工艺专有技术，分别为盐酸苄达明中间体、卡培他滨（KP－1）、卡培他滨（KP－2）、安西他滨、盐酸苄达明、阿糖胞苷、牛磺熊去氧胆酸；3 项发明专利技术，分别为二氢吲哚－3－乙酸衍生物、其制备方法以及在药物中的应 用 （ZL201310018892.3），一 种 巴 尼 地 平 关 键 中 间 体 的 制 备 方 法（ZL201910694254.0），一种甲氨蝶呤的合成工艺（ZL20210098422.7），该项目填补了贵州省在化学药原料药生产的短板。

5.6.2　转化过程

　　贵州中森医药公司的医药中间体及化学原料药基地项目是贵州医科大学知识产权应用和科技成果转化的具体实践，也是贵阳市推动"强省会"战略和工业倍增计划的关键步骤。该项目有利于补齐贵州省医药产业的短板、推动健康医药产业向高质量发展。这一举措不仅展现了贵阳市在医药产业领域的雄心壮志，也预示着贵州省在健康医药产业领域的未来可期。

　　贵州医科大学与贵州中森医药公司于 2021 年 12 月 6 日签署科技成果转化合作协议，以 3 件发明专利和系列化学原料药生产技术工艺等知识产权，作价 3400 万元入股中森医药公司，持股 40%。❶ 依据国家和贵州省有关政策法规，学校将持有的股权的 80% 奖励给汤磊教授领衔的科研团队，即学校持股 8%，科研团队持股 32%。❷ 该项目的实施成为贵州医科大学作价入股转化科技成果的典型案例。

5.6.3　转化模式分析

　　与国内高校常规专利成果转移转化方式不同，由贵州荣华医疗科技合伙企业与贵州医科大学共同组建新公司，将高校的专利使用权进行作价入股，并由其作为市场主体来实施后续的技术许可和规模产业化。该模式的特点主要包括以下两个方面。

　　第一，专利权仍然掌握在高校及其合作企业的手上，高校方面以专利使用权作价出资，间接入股参与创建高科技企业，实际上涉及的是专利权技术实施许可，而不会发生专利权转让。

　　第二，在专利技术的实施及产业化推进过程中，由高校和投资企业各自发挥自身的优势来形成利益组合和资源互补，并始终保持由投资企业与高校共同组建

---

❶ 杨国军. 天眼新闻（2021.12.06）贵州医科大一项成果，催生了一家科技型医药企业［EB/OL］.（2022 - 05 - 12）［2024 - 05 - 30］. http：//jgz. app. todayguizhou. com/news/news - news_detail - news_id - 11515115785330. html.

❷ 余伟，李庆，罗欢，等. 贵州高校：科研成果从"书架"走上"货架"［EB/OL］.（2021 - 12 - 07）［2024 - 05 - 30］. https：//www. sohu. com/a/546277243_120578424.

的新公司作为市场主体。

5.6.4 案例亮点

案例中各项目有利于填补贵州省医药产业短板，引领贵州省健康医药产业高质量发展。为有关企业提供全方位和高质量的服务保障，确保各项目早日竣工投产，携手有关企业打好产业发展组合拳，切实构建各方合作联动、产业聚集协同发展新格局，助力贵州省医药产业发展。

5.7 转移转化模式分析与探讨

强大的研发实力是技术转移与产业化的基础。高校与科研院所作为科技创新的摇篮，拥有雄厚的科研力量、丰富的科研资源以及深厚的学术积累。这些优势为高校与科研院所在科技创新方面提供了强大的支撑，使其能够在各自领域内取得突破性的进展。强大的研发实力不仅为技术转移提供了丰富的技术储备，而且为产业化提供了源源不断的创新动力。因此，高校与科研院所应继续加大科研投入，加强科研团队建设，提高科研水平，为技术转移与产业化奠定坚实的基础。

紧密的产学研合作是加速技术从实验室到市场转化的关键。高校与科研院所在科技创新方面具有天然的优势，但往往缺乏对市场需求的深入了解。企业作为市场的主体，对市场需求有着敏锐的洞察力和丰富的实践经验。因此，高校与科研机构应加强与企业的合作，共同开展科研项目，推动科技创新。通过产学研合作，高校与科研院所可以更加准确地把握市场需求和技术趋势，为技术转移与产业化提供有力的支持。同时，企业可以借助高校与科研机构的科研力量，提升自身的技术水平和竞争力。

长效合作机制是确保产学研合作持续性和稳定性的重要保障。高校与科研院所与企业之间的合作往往具有长期性和复杂性的特点，需要双方建立起长期稳定的合作关系。因此，建立长效合作机制对于促进产学研合作具有重要意义。长效合作机制可以包括合作协议、合作计划、合作成果分享等方面。通过签订合作协议，明确双方的权利和义务，确保合作的顺利进行；通过制定合作计划，明确合作的目标和任务，推动合作的深入发展；通过分享合作成果，实现双方共赢，增强合作的持久性和稳定性。

多模式的专利产业化是降低技术转移风险、提高科研人员积极性的有效途径。专利作为科技创新的重要成果，具有极高的商业价值和市场潜力。然而，由于技术转移过程中的不确定性和风险性，许多高校与科研院所在专利产业化方面面临诸多困难。因此，探索多模式的专利产业化途径对于降低风险、提高科研人员积极性具有重要意义。多模式的专利产业化包括专利实施转让、专利作价入股、成立校企实验室等多种方式。通过专利实施转让，高校与科研机构可以直接将专利转让给企业或投资者进行产业化；通过专利作价入股，高校与科研院所可以将专利作为资本投入企业并参与企业的经营管理；通过成立校企实验室，高校与科研院所可以与企业共同开展科研项目并推动科技成果的转化和应用。这些多模式的专利产业化途径可以降低技术转移的风险和不确定性，提高科研人员的积极性和参与度。

专利使用权的灵活运用是实现高校与企业共赢的重要途径。专利作为高校与科研院所的重要资产之一，其使用权的灵活运用可以为企业带来巨大的商业价值和经济利益，增强高校、科研院所与企业的合作关系，促进各方在技术创新和产业发展方面的深度合作。同时，企业通过获得高校和科研院所的专利使用权可以提升自身的技术水平和竞争力，实现与高校和科研院所的共赢发展。

专利的多元化利用是提高专利商业价值和市场适应性的重要手段。随着科技的不断进步和市场需求的不断变化，专利的单一利用方式已经难以满足市场需求和商业化需求。因此高校与科研院所应积极探索专利的多元化利用方式，例如将专利应用于不同领域和行业，将专利与其他技术相结合形成新的产品或服务等。通过专利的多元化利用可以拓展专利的应用范围和商业价值，提高专利的市场适应性和竞争力。同时，专利的多元化利用可以促进技术创新和产业升级推动经济社会的持续发展。

第6章 知识产权保护典型案例

在数字经济迅猛发展的今天，知识产权作为创新成果的核心载体，其保护工作的重要性日益凸显。为了更好地适应未来发展需求，本章针对当前数字经济领域知识产权保护典型案例进行了深入的收集与分析，总结当前知识产权保护工作的开展情况及积累的经验，为后续构建知识产权与数字经济发展战略协同模式提供参考。

6.1 专利保护典型案例分析

6.1.1 "密码锁防伪瓶盖"专利侵权案❶

6.1.1.1 案情简介

原告贵州某防伪科技有限公司诉深圳市某物联网技术有限公司、贵州某科技有限公司专利权侵权纠纷，认为深圳市某物联网技术有限公司开发的"防伪密码瓶盖"、贵州某科技有限公司销售的"飞天茅台酒"防伪瓶盖侵犯其享有的"一种密码锁防伪瓶盖的对码生产方法"发明专利权（专利号：ZL201110262041.4），贵州某防伪科技有限公司请求法院判令两被告立即停止侵权，并赔偿经济损失及合理支出400万元。

---

❶ 参见最高人民法院（2018）最高法民再63号民事判决书。

6.1.1.2　案件结果

贵州省贵阳市中级人民法院经审理认为，涉案专利涉及新产品制造方法的发明专利，深圳市某物联网技术有限公司、贵州某科技有限公司应承担其生产密码锁防伪瓶盖的方法不同于涉案专利的举证责任。此外，被诉侵权方法全面覆盖涉案专利，落入涉案专利权利要求保护范围，贵州某科技有限公司销售的"飞天茅台酒"所使用的密码锁防伪瓶盖具有合法来源的抗辩成立。贵州省贵阳市中级人民法院于 2015 年作出判决，判令深圳市某物联网技术有限公司、贵州某科技有限公司立即停止侵权，深圳市某物联网技术有限公司赔偿贵州某防伪科技有限公司经济损失 50 万元，贵州某科技有限公司与深圳市某物联网技术有限公司共同赔偿原告合理费用 6 万元。

深圳市某物联网技术有限公司不服一审判决，上诉至贵州省高级人民法院，请求法院撤销一审判决，驳回贵州某防伪科技有限公司的全部诉讼请求。贵州省高级人民法院经审理查明，深圳市某物联网技术有限公司、贵州某科技有限公司就涉案产品在技术手段、实现功能、达到的效果等方面与涉案专利无差异，故对应技术特征相同，落入了涉案专利的权利要求保护范围；综合考虑多方因素，认定一审法院确定的赔偿数额并无不当。贵州省高级人民法院于 2017 年作出终审判决，驳回上诉，维持原判。

深圳市某物联网技术有限公司不服贵州省高级人民法院民事判决，向最高人民法院申请再审，并诉称，二审程序违法，举证通知书载明的举证期限为 2017 年 4 月，但实际上通知书 2017 年 5 月才从贵州省高级人民法院寄出，导致其不能在举证期限内举证。此外，原判决适用法律错误，被诉侵权方法未落入涉案专利的权利要求保护范围。

最高人民法院经审理认为，原判决未考虑步骤实施顺序对涉案专利权利要求保护范围的限定作用，认定被诉侵权方法落入涉案专利权利要求保护范围结论有误。由于被诉侵权方法未落入涉案专利权利要求保护范围，故深圳市某物联网技术有限公司、贵州某科技有限公司不应承担赔偿责任，原判决有误，予以纠正，最终判决驳回一审、二审法院的民事判决，驳回贵州某防伪科技有限公司全部诉讼请求。

6.1.1.3 典型意义

贵州省作为白酒产业大省，其中尤以"茅台酒"知名，涉案公司对其专利技术十分重视，具有较强的维权意识。在该案中，虽然权利要求未明确限定各步骤的顺序，但如果本领域技术人员在阅读权利要求书、说明书及附图后认为，各步骤存在逻辑上的先后顺序的，则应认定该步骤顺序对权利要求的保护范围具有限定作用，即只有被控侵权方案与该步骤的先后顺序一致才落入权利要求的保护范围。反之，如果各步骤不存在逻辑上的先后顺序，则应认定该步骤顺序对权利要求的保护范围没有限定作用。因此，在侵权判定中，应注意步骤顺序是否具有限定作用。

6.1.2 "实现云服务融合的方法及系统信息网络"专利侵权案[1]

6.1.2.1 案情简介

原告贵州某科技股份有限公司提出诉讼请求：①判令被告上海某科技股份有限公司立即停止侵犯原告发明专利 ZL201710517875.2 的行为，包括但不限于停止在提供云分发等服务的过程中使用涉案专利方法及系统的行为；②判令两被告连带赔偿因其侵权行为给原告造成的经济损失人民币 1.2 亿元；③判令两被告承担原告至提交该起诉状之日为止为维权支付的律师费、公证费等合理支出费用人民币 50 万元；保留根据后续在诉讼中获得的证据以及被告侵权延续造成的损失对赔偿数额予以增加的权利；④判令两被告承担该案的全部诉讼费用。

6.1.2.2 案件结果

经审查认为，原告以两被告在提供云分发产品和服务的过程中未经许可使用其专利技术方案为由，提起专利侵权诉讼。同时，原告在立案阶段已提交证据用于证明两被告通过位于贵州省贵阳市的内容分发网络节点服务器（以下简称"CDN 服务器"）提供云分发、云安全等服务，该等服务使用了涉案专利方法及

---

[1] 参见贵州省贵阳市中级人民法院（2019）黔 01 民初 1495 号民事判决书。

系统。根据《最高人民法院关于审理专利纠纷案件适用法律问题的若干规定》第 5 条"因侵犯专利权行为提起的诉讼，由侵权行为地或者被告住所地人民法院管辖。侵权行为地包括……专利方法使用行为的实施地……"之规定，因被诉侵权行为的 CDN 服务器、中转服务器等所在地属于侵权行为实施地，作为侵权行为地的省级人民政府所在地中级人民法院，有权管辖该案，依照《中华人民共和国民事诉讼法》第 127 条的规定，裁定如下：驳回被告网宿科技股份有限公司对该案管辖权提出的异议。案件受理费 60 元，由被告上海某科技股份有限公司负担。

6.1.2.3　典型意义

该案例体现了贵州省数字经济相关企业越加重视自身技术的专利保护，同时具备主动出击、维护自身合法权益的能力和意识，反映出贵州省数字经济领域知识产权保护意识的觉醒及强化。

6.1.3　"信息埋入方法与信息识别方法"专利侵权案❶

6.1.3.1　案情简介

天津市某信息技术有限公司于 2014 年 12 月 10 日获得了"信息埋入方法与信息识别方法"的发明专利 ZL201010133416.2。而某技术有限公司在未得到阿波罗公司授权的情况下，侵犯了其专利权，随后天津市某信息技术有限公司向天津市知识产权局提出了专利侵权的行政救济事宜，并请求及时处理。

该案焦点包括：①被请求人的行为是否获得了请求人的授权许可；②被请求人的行为是否属于不视为侵犯专利权的情形；③被请求人的行为是否落入涉案专利的保护范围。

6.1.3.2　案件结果

经审理，合议组认为：①被请求人无充足的证据证明其行为获得了请求人的授权许可，且在销售"防伪码"及"产码软件与防伪码数据包"时，其开具的增值税专用发票名称均为"网屏编码防伪产品"；②现有证据可以证明被请求人

---

❶　参见最高人民法院（2020）最高法知行终 224 号行政判决书。

通过合法手段从请求人处购买了"网屏编码识别笔"并支付了合理对价，被请求人销售"网屏编码识别笔"的行为属于不视为侵犯专利权的行为；③销售"防伪码"及"产码软件与防伪码数据包"的行为未获得专利权人授权许可，"产码软件"生成防伪码的过程完整包含了涉案专利权利要求1技术方案的全部特征，因此落入了涉案专利权利要求1的保护范围，故侵犯了天津市某信息技术有限公司的专利权。天津市知识产权局作出责令被请求人立即停止相关侵权行为的决定。

6.1.3.3 典型意义

天津市知识产权局的行政裁定体现了专利技术行政保护的便捷及专业的特点，公平公正地对此次案件双方的行为进行专业化的处理，并且通过一系列调查取证，最终得出了服众的结果。

6.1.4 "产品质量追溯防伪系统及追溯防伪方法"专利侵权案❶

6.1.4.1 案情简介

北京某技术开发有限公司于2013年2月25日将名称为"产品质量追溯系统及追溯防伪方法"的发明专利 ZL201310058356.6 向国家知识产权局提出申请，并于2014年12月10日获得其授权及专利号。北京某技术开发公司认为某酒业公司、某杂志社在未经授权的情况下，以生产经营为目的使用了该公司的专利技术，因此向北京市知识产权局提出了专利侵权的行政救济申请。根据相关法律条文，该专利权在请求人提起侵权纠纷处理请求时合法有效。

6.1.4.2 案件结果

第一，被请求人提供的技术服务合同书，仅依据此合同无法确定其与涉案专利权利要求的技术方案相同，故现有技术抗辩不成立。

第二，依据请求人所提供的公证书并结合相关视频资料，可认定该酒业公司

---

❶ 佚名. 2017年度「打击专利侵权假冒」十大典型案例发布［EB/OL］.（2018 - 07 - 20）［2023 - 04 - 15］. https：//www.sohu.com/a/242462952_678594.

所用的"产品溯源平台"标签、溯源防伪方法，与涉案专利权利要求的全部技术特征相同，故属于专利权的保护范围。

第三，该酒业公司在其生产的白酒包装上使用了防伪凭证，其具体防伪溯源方法是由产品溯源平台提供技术支持，经查该平台的主办方为被请求人某杂志社。

综上所述，北京市知识产权局最终认定某酒业公司在其产品包装上使用防伪溯源方法、某杂志社在网站上提供防伪溯源技术已构成专利侵权，且该一系列行为属于共同侵权，随即作出责令二者立即停止专利侵权行为的决定。

6.1.4.3　典型意义

当前酒类产品质量问题备受社会关注，相关产品质量溯源防伪技术应运而生并快速发展，引起该领域专利侵权纠纷也呈多发趋势，北京市知识产权局准确把握适用法律，快速作出处理决定，有效维护公平竞争的市场秩序，切实保护了消费者合法权益。

6.1.5　"闪存盘和电子储存方法及装置"专利侵权案[❶]

6.1.5.1　案情简介

深圳市某技术有限公司在市场运营过程中发现了深圳市某贸易有限公司、北京某数码科技有限公司、深圳市某电子有限公司等有侵犯自身专利的情况，其中深圳市某贸易有限公司主要行为为销售相关侵权产品；北京某数码科技有限公司主要行为是委托生产方；深圳市某电子有限公司主要行为为侵权产品的生产方，涉及的专利为"用于数据处理系统的快闪电子式外存储方法及其装置"（专利号为 ZL99117225.6），随后向法院提起相关诉讼。

6.1.5.2　案件结果

最终判决经过了一审、二审，一审法院经过审理后认为深圳市某贸易有限公司、北京某数码科技有限公司、深圳市某电子有限公司等构成了侵权行为，因此判决相关公司停止侵权行为，同时赔偿朗科公司各项损失总计 50 万元。随后

---

❶　参见广东省高级人民法院（2004）粤高法民三终字第 238 号民事判决书。

深圳市某贸易有限公司、北京某数码科技有限公司等不服一审判决，提起上诉。在二审开展期间，原告、被告双方达成了调解协议，最终以调解形式结束此次侵权纠纷。

6.1.5.3 典型意义

该案件在与数字经济相关的中国闪存盘和电子储存行业影响较大，通过调解方式结束纠纷，体现了纠纷多元化解机制的重要性，表明深入开展知识产权调解工作，特别是在数字经济领域，对于有效化解知识产权领域的矛盾纠纷，优化营商环境，激励创新具有重要意义。

6.2 商标保护典型案例分析

6.2.1 "小度机器人"商标侵权及虚假宣传案[1]

6.2.1.1 案情简介

原告某网络技术（北京）有限公司诉称，原告系第 15668021 号"小度 XiaoDu"、第 24315163 号"小度机器人"、第 13754556 号"小度"、第 15667594 号"小度 XiaoDu"、第 24315397 号"小度机器人"、第 24315638 号"小度机器人"、第 13754630 号"小度"、第 31823354 号"小度 XIAODU"、第 27165477 号"小度在家"、第 30569391 号"小度在家"注册商标的拥有者，前述商标核定使用的商品/服务分别为第 9 类计算机程序（可下载软件）、可下载的计算机应用软件、网络通信设备、数据处理设备、计算机外围设备、电子图书阅读器、已录制的计算机程序（程序）等及第 35 类广告、计算机网络上的在线广告、为零售目的在通信媒体上展示商品、替他人推销等。"小度机器人"是原告推出的技术创新类产品，是依托百度搜索引擎、自然语言处理和机器学习技术，将深度问答技术和

---

[1] 参见上海知识产权法院（2021）沪 73 民终 653 号民事判决书和上海市高级人民法院（2022）沪民申 2967 号民事裁定书。

语音技术创造性地运用到人工智能实体硬件上而完成的，能自然流畅地与用户进行信息、服务、情感等多方面的交流。"小度机器人"首次亮相于 2014 年 9 月初举办的"2014 百度世界大会"，面世后参加了很多活动，得到诸多好评、认可。

原告从未就"小度"等商标授权被告上海某智能科技有限公司、郑州某化妆品有限公司使用。被告上海某智能科技有限公司在未经原告许可的情况下，擅自使用"小度""小度机器人"等标识在其产品的销售、广告宣传上使用，并进行全球合伙人招募，违反了《中华人民共和国商标法》第 57 条第（1）项、第（2）项的规定，侵犯了原告第 15668021 号、第 24315163 号、第 13754556 号、第 15667594 号、第 24315397 号、第 27165477 号、第 30569391 号注册商标专用权；被告上海某智能科技有限公司在广告、媒体活动、宣传文章中称其是百度 AI/DuerOS/官方合作伙伴，其产品叫"小度"，是全球首款百度语音智控机器人，其法定代表人以"小度机器人创始人"身份自居，违反了《中华人民共和国反不正当竞争法》第 8 条的规定，构成虚假宣传，严重损害了原告的合法权益。

被告郑州某化妆品有限公司是微信小程序"小度 AI 智能家居"的经营者，其在该小程序首页标注"全球首款百度语音智控机器人"并在该小程序中销售涉案被控侵权产品，推广"小度会员""特约代理""体验中心"等，构成对原告上述 7 个注册商标专用权的侵犯，且在销售产品时宣称其是 DuerOS 人工智能合作伙伴，构成虚假宣传。被告郑州某化妆品有限公司销售的产品来源于上海某智能科技有限公司，故上海某智能科技有限公司、郑州某化妆品有限公司应当就商标侵权和虚假宣传行为向原告承担连带赔偿责任。

被告上海某智能科技有限公司辩称，该公司未实施商标侵权及虚假宣传行为。其产品使用的是自身注册的第 22803990A 号"Anysay"商标，在宣传中使用的标识与原告主张的注册商标核定使用的商品或服务不相同、不类似，商标本身也不构成相同或近似。该公司的产品搭载了百度 DuerOS 系统，唤醒词是"小度小度"，被控侵权标识中的"小度"并非商标性使用，而是作为唤醒词进行描述性使用，且原告"小度""小度机器人"商标已成为智能机器人的通用名称，失去了显著性，无权禁止他人在合理范围内使用。被告郑州某化妆品有限公司未答辩。

6.2.1.2 案件结果

最终法院判决被告上海某智能科技有限公司、郑州某化妆品有限公司停止侵权、消除影响，被告上海某智能科技有限公司因商标侵权行为赔偿原告经济损失350万元（被告郑州某化妆品有限公司对其中的2000元承担连带赔偿责任）、因虚假宣传行为赔偿原告经济损失10万元，被告郑州某化妆品有限公司因虚假宣传行为赔偿原告经济损失1万元，两被告分别赔偿原告合理开支12万元、2万元。

6.2.1.3 典型意义

涉案被诉侵权商品语音智控机器人是通过语音识别技术将产品与智能主机网关联动，用户可用语音对产品下达命令，也可设置自定义问答，实现控制家电设备、获取互联网上与教育、娱乐、生活有关的资源等目的智能设备，在人机交互的过程中需通过特定的语音指令（即唤醒词）实现相应功能。同时，该案件所涉产品在商标注册用商品和服务国际分类中尚无明确分类，正确判断、认定被诉侵权商品与原告主张权利的注册商标核定使用的商品（服务）是否构成相同或类似对该案的判决亦十分重要。

6.2.2 "苹果耳机"商标侵权案[1]

6.2.2.1 案情简介

"Airpods""AirpodsPro"为苹果公司的商标，该商标主要被使用在耳机等商品上，通过蓝牙连接等方式展示该商标。而罗某洲、马某华通过生产假冒的苹果耳机，同时模仿该商标并对外销售牟利。案涉假冒苹果蓝牙耳机连接苹果手机后，弹窗显示"Airpods"或"AirpodsPro"，销售金额高达2210万余元。

---

[1] 赵青. 假冒苹果蓝牙耳机连接手机弹窗显示 Airpods，商家获刑［EB/OL］.（2023 – 04 – 26）［2024 – 04 – 15］. https：//www.sohu.com/a/670366439_161795；广东省高级人民法院. 广东高院发布数字经济知识产权保护典型案例［EB/OL］.（2023 – 04 – 26）［2024 – 04 – 15］. https：//www.shantou.gov.cn/stszcwyh/zwgk/gzdt/content/post_2213929.html.

6.2.2.2　案件结果

广东省深圳市中级人民法院生效判决认为：假冒注册商标犯罪中"使用"不限于将商标用于商品、商品包装或者容器等有形载体中，只要在商业活动中用于识别商品来源的行为均构成商标性使用。蓝牙耳机的消费者需要通过蓝牙配对来寻找设备，对蓝牙耳机产品来源的识别不仅仅是通过产品包装，更主要的是通过设备查找正确的配对项实现蓝牙耳机功能，识别蓝牙耳机产品来源。被告人生产的假冒苹果蓝牙耳机在连接手机终端配对激活过程中，在手机弹窗向消费者展示"Airpods""AirpodsPro"商标，使消费者误认为其链接使用的产品是苹果公司制造，导致对产品来源的混淆和误认，属于刑法规定的商标"使用"。广东省深圳市龙岗区人民法院一审以假冒注册商标罪分别判处被告人罗某洲有期徒刑 4 年，并处罚金人民币 400 万元；被告人马某华有期徒刑 6 年，并处罚金人民币 680 万元；其余 6 名从犯均判处有期徒刑 2 年并处罚金。广东省深圳市中级人民法院裁定驳回上诉，维持原判。

6.2.2.3　典型意义

物联网是数字经济发展的一个重要领域，该案是利用物联网技术实施新形态商标犯罪的典型案例。该案明确了司法对移动数字设备之间进行数据传送和智能化识别所呈现的新型商标使用方式的认定标准，穿透假冒注册商标犯罪的表象，准确把握商标犯罪行为的实质，打击了利用新技术实施犯罪的行为，对类案裁判具有典型意义。

6.2.3　公众账号主体的唯一性与商标主体多元化纠纷案❶

6.2.3.1　案情简介

原告李某系第 7848743 号、第 6170749 号、第 5798432 号"  "

————————

❶　深圳知识产权法庭．【知产财经】2022 年深圳法院数字经济知识产权司法保护典型案例［EB/OL］．（2023 - 05 - 30）［2024 - 04 - 15］．https：//www.sohu.com/a/680432247_120756317.

注册商标权利人，上述商标的核定使用服务项目分别为第 35 类、第 38 类和第 42 类。原告主张其通过创办网站"www. rztxw. net"及开通抖音号"人在他乡"对上述商标进行了实际使用。原告以被告旗下微信公众平台拒绝通过其"人在他乡"微信公众号申请，并对原告针对平台上 31 家名称带有"人在他乡"文字的公众号的侵权投诉不予审核通过，为侵权公众号提供平台服务，构成帮助侵权，侵犯其享有的注册商标专用权为由，向法院提起诉讼，请求法院判令被告停止侵权、赔礼道歉，并赔偿经济损失人民币 499 万元。

6.2.3.2 案件结果

法院经审理认为：①注册商标的专用权应以核准注册的商标和核定使用的商品为限，超出注册商标特定保护范围，商标权利人无权禁止他人合理使用。尤其是"人在他乡"一词，本身属于公用领域的常用词汇，除非他人恶意攀附，否则商标权人无权禁止他人正当使用该文字；②判断是否构成商标侵权，应以涉案公众号对"人在他乡"或类似文字的使用是否属于商标性使用，容易导致公众混淆为判断标准。经综合判断，法院认为，原告证据不足以证明涉案 31 个微信公众号已构成商标侵权，被告根据公众号平台的命名唯一性规则，对原告的侵权投诉审核未予通过，主观上并不存在过错，原告主张被告构成商标帮助侵权，无事实和法律依据。综上，一审法院判决：驳回原告李某的全部诉讼请求。判决作出后，双方服判息诉，该判决已生效。

6.2.3.3 典型意义

随着"互联网＋"经济发展，平台账号名称的商业价值日益彰显，为维护互联网平台良好秩序，各大平台纷纷采用了账号命名唯一性规则。公众号账号主体的唯一性与商标主体多元化之间的冲突天然存在且日益突出，如何解决两者之间的矛盾，是司法面临的新问题之一。该案判决从注册商标的保护范围、商标侵权的认定方式、网络服务提供者侵权责任认定等方面进行层层分析，合理确定了商标权利人的权利范围，兼顾了权利人、网络服务提供者和社会公众的利益。

6.2.4　刷单公司侵犯商标权、不正当竞争案[1]

6.2.4.1　案情简介

原告上海某信息咨询有限公司旗下经营网站"大众点评"，是一个为广大用户提供商户信息、消费点评、优惠便利等信息化服务的本地生活信息交易平台。上海某信息咨询有限公司系第 5135459 号、第 11716586 号商标的权利人，其商标核准注册于第 35 类广告、广告代理等服务内，且处于有效期内。被告江西省某信息科技有限公司通过旗下运营网站及其他网络平台，提供有偿的价格为 50 元～1.4 万元不等的刷点赞收藏量、门店星级、用户好评数等"代运营"及相关宣传的服务。同时被告在经营过程中，突出使用原告商标相同的标识。

6.2.4.2　案件结果

该案中，原告旗下经营网站"大众点评"的平台数据，具有真实、清洁、可靠性，所产生的商业价值具有正当合法权益，该平台大众点评网系评价型网站，后台用户点评数据，是消费者在商家店铺真实的体验报告，是该平台竞争优势所在，同时也是原告方获得流量和用户黏性的基础。原告上海某信息咨询有限公司在该平台运营过程中投入巨大的成本，后台点评数据也是长期积累运营的成果，因此，原告获得的商业利益及竞争优势应当受到保护。而被告江西省某信息科技有限公司以"代运营"服务性质，实质为点评刷量、增加评论量、浏览量、收藏量、提升铺排名等有偿服务。致使网站后台数据产生大量无效数据信息，导致相关公众对商户服务质量及原告方网站信誉产生虚假认知，欺骗及误导相关公众的后果，从而破坏市场公平竞争的秩序及互联网产业生态。根据《中华人民共和国反不正当竞争法》第 8 条之规定，经营者不得对其商品或服务的性能、功能、质量、销售状况、用户评价、曾获荣誉等作虚假或者引人误解的商业宣传，欺骗、误导消费者；亦不得通过组织虚假交易等方式，帮助其他经营者进行虚假或者引人误解的商业宣传。最终经法院审理判定，认为被告江西省某信息科技

---

[1]　参见上海市浦东新区人民法院（2020）沪 0115 民初 59328 号民事判决书。

有限公司，其行为是以组织虚假交易的方式，误导性宣传的帮助行为，构成虚假宣传。

另外，关于被诉行为是否构成商标侵权。原告系第 5135459 号、第 11716586 号商标的权利人，上述商标均核准注册于第 35 类广告、广告代理等服务上。原告、被告的服务对象均包括大众点评的商户，服务内容均围绕商户点评展开，构成类似服务。被告使用的标识与原告商标完全相同。被诉行为系未经原告许可，在类似服务上使用与原告主张权利的商标相同的标识，易使相关公众对服务来源产生混淆，构成商标侵权。

6.2.4.3　典型意义

该案原告经营的"大众点评"网站凭借长期以来的运营服务，形成了有影响力的评价体系。被告经营的被诉平台以"代运营"为名，组织、帮助商户有偿进行虚假点评刷量。此类行为痕迹隐蔽，导致用户评价虚假、滋生大量无效流量，不仅导致相关公众对商户服务质量、原告网站信誉、商标品牌产生虚假认知，而且破坏了点评类网站赖以生存的真实评价数据体系，应当给予有关法律意义上的否定评价。

6.2.5　"虎牙"商标侵权案[1]

6.2.5.1　案情简介

杭州某广告有限公司成立于 2010 年 2 月 1 日。2011 年 4 月 21 日，杭州某广告有限公司获准注册第 8182425 号"虎牙"商标，核定服务项目为第 35 类，包括广告策划，为零售目的在通信媒体上展示商品等。后国家知识产权局对该商标除"广告策划"服务之外的其他服务类别予以撤销。该商标经续展，核准有效期至 2031 年 4 月 20 日。广州某信息科技有限公司成立于 2016 年 8 月 10 日，系国内游戏直播领域的头部企业。杭州某广告有限公司主张广州某信息科技有限公司以虎牙直播网、虎牙 App 以及"虎牙广告助手"微信公众号为载体，在广告

---

[1] 参见浙江省高级人民法院（2023）浙民申 1250 号民事裁定书。

策划相关服务中使用"虎牙""虎牙直播 Huya.com""虎牙直播 Huya.com""虎牙直播"等标识的行为侵害其"虎牙"商标专用权。

广州某信息科技有限公司辩称其服务模式并非广告策划服务，不构成商标侵权。

浙江省杭州市滨江区人民法院认为，广州某信息科技有限公司第15762111号"虎牙直播 Huya.com"、第22200938号"虎牙直播 Huya.com"商标显著识别部分的呼叫和含义与杭州某广告有限公司"虎牙"商标具有明显差异，不构成近似，且被诉服务系通过网络直播进行的线上推销服务，与"广告策划"不构成类似服务，不会造成相关公众混淆的后果。遂于2021年8月26日判决：驳回杭州某广告有限公司的全部诉讼请求。杭州某广告有限公司不服，向浙江省杭州市中级人民法院提出上诉。

6.2.5.2 案件结果

浙江省杭州市中级人民法院认为：广州某信息科技有限公司在官网、App、公众号对以"虎牙"为关键字的被诉侵权标识进行多处、多样使用，起到区分服务来源的作用，构成商标性使用。被诉侵权的"虎牙"与第8182425号注册商标完全一致，为相同商标。被诉侵权的"虎牙直播"标识的显著识别部分均为"虎牙"二字，尽管与涉案商标"虎牙"在字形上存在局部差异，但均完整包含"虎牙"文字，整体上未产生明显区别于"虎牙"二字的含义，与涉案商标客观要素近似。根据《类似商品和服务区分表》，广告、广告宣传、广告代理、广告策划等同属于该表第35类3501广告群组，该群组类别虽可作为判断类似商品或者服务的参考依据，但不同于侧重保护商品与服务分类稳定性的商标注册审查程序，进入诉讼程序的商标侵权民事案件应当侧重审查服务的目的、内容、方式、对象等实际情况进行个案判断。广州某信息科技有限公司使用被诉侵权标识面向广告主宣传广告服务的行为，属广告服务链条中的"前端""上游"环节，系广告经营者，与广告策划在服务目的、内容、方式、对象均基本相同，相关公众一般会将该类服务认定为广告策划或与之类似的服务，容易导致混淆，构成商标侵权。广州某信息科技有限公司使用被诉侵权标识面向消费者直接发布广告，或者面向消费者在内的主体发布管理性规定，属广告服务链条中的"终端""下游"

环节，系广告发布者，与广告策划在广告服务链条中分属不同阶段，在服务内容、服务对象上也存在明显区别，客观上类似程度不高，不易使相关公众对服务来源产生混淆，不构成商标侵权。该院于 2022 年 9 月 13 日判决：广州某信息科技有限公司立即停止侵害杭州某广告有限公司第 8182425 号"虎牙"注册商标专用权的行为；广州某信息科技有限公司于判决生效之日起 10 天内赔偿杭州某广告有限公司为制止侵权行为支出的合理费用 40000 元；广州某信息科技有限公司于判决生效之日起 10 天内在虎牙直播网站（www.huya.com）首页连续 7 天刊登声明以消除影响（声明内容需经法院审核）。广州某信息科技有限公司不服，向浙江省高级人民法院申请再审。浙江省高级人民法院于 2023 年 5 月裁定：驳回再审申请。

6.2.5.3 典型意义

该案系涉及数字经济领域商业标识保护的典型案例。法院在判断被诉侵权标识对应的服务类别时，未机械按照《类似商品和服务区分表》确定服务类别，而是在考虑数字经济领域广告服务行业精细化发展特点的基础上，充分论证、分类施策、灵活处理，根据服务对象、使用目的、方式和场景的不同将被诉侵权人提供的服务分为两类，分别给予不同评价。该案是司法实践中"反向突破"《类似商品和服务区分表》认定服务类别的案例，合理界定了数字时代广告服务类商标权的保护边界。对于被诉侵权人使用被诉侵权标识提供的服务，可依据服务所针对的对象，使用标识的目的、方式和场景等区分为两类：一是面向广告主宣传广告服务的行为，属广告服务链条中的"前端""上游"环节，其面向的受众主要为有意发布广告拓展业务的广告主，此时被诉侵权人的角色为广告经营者；二是面向消费者直接发布广告，属广告服务链条中的"终端""下游"环节，其面向的受众主要为一般消费者，此时被诉侵权人的角色为广告发布者。前者与广告策划属于相同或类似服务；后者与广告策划在广告服务链条中分属不同阶段，在服务内容、对象上也存在明显区别，类似程度不高，不易使相关公众对服务来源产生混淆。

6.2.6　数字经济领域滥用知识产权的不诚信行为案❶

6.2.6.1　案情简介

2019 年 4 月 24 日及 9 月 20 日，北京某商贸有限公司两次向浙江某网络有限公司投诉曹某某在后者的网络销售平台上售卖的婴儿尿不湿产品侵害其"明治"商标权，并向平台提供了鉴定报告等材料，载明其通过购买鉴定的方式确认曹某某售假的具体过程，并附有正品和假货对比图。曹某某申诉后未获平台支持，浙江某网络有限公司作出了立即搜索屏蔽店铺、禁止其参加聚划算活动等处罚。诉讼中，浙江某网络有限公司提供了两次投诉所涉被投诉商品的快照，根据快照所示，被投诉商品外观与北京某商贸有限公司提供的正品图片外观一致，与鉴定报告中北京某商贸有限公司购买的商品不符。另北京某商贸有限公司称其第二次投诉时提供的"假货"图片来源于被投诉商品销售页面，但与浙江某网络有限公司提供的被投诉商品快照显示的商品图片并不一致，北京某商贸有限公司未能对第二次投诉时对比图片的真实性作出合理解释。曹某某诉称其销售的系正品，北京某商贸有限公司伪造鉴定报告，导致其被处罚、链接被删除，侵害其合法经营权益，请求判令北京某商贸有限公司赔偿经济损失共计 150 万元及合理费用支出 1 万元（含律师费），并承担该案全部诉讼费用。北京某商贸有限公司辩称，曹某某在涉案店铺销售未经其授权的"明治"品牌纸尿裤，其投诉正当、合法。

6.2.6.2　案件结果

浙江省杭州市余杭区人民法院认为：曹某某已在其举证能力范围内提供证据证明涉案商品系来自北京某商贸有限公司授权的经销商。而北京某商贸有限公司通过购买鉴定方式投诉曹某某侵权，所提交的两次投诉材料中存在多处矛盾，但其作为被诉侵权商品的掌控方，既无法提交商品实物，也无法提交其在鉴定报告中用以比对的被诉侵权商品原图，未能提供其投诉内容系真实的依据。北京某商

---

❶ 浙江省高级人民法院．"浙江法院数字经济知识产权保护十大典型案件"今日发布［EB/OL］．（2023 - 11 - 17）［2024 - 04 - 15］．https：//baijiahao．baidu．com/s？id = 1782768050995161692&wfr = spider&for = pc.

贸有限公司明知曹某某销售的商品系正品，却仍给出虚假鉴定意见，最终导致曹某某店铺受到立即搜索屏蔽店铺、立即禁止参加聚划算活动等系列处罚，构成恶意投诉，应承担相应的民事责任。关于赔偿损失的数额，法院综合考虑了北京某商贸有限公司的恶意程度、涉案店铺的等级及被投诉前后的营业额对比、被处罚时长、曹某某为维权支出的合理开支等因素，尤其是由于北京某商贸有限公司的恶意投诉导致曹某某的整个店铺被屏蔽及限制参加活动，因此，涉案店铺被采取措施期间的整个营收下降所导致的利润损失以及限制措施取消后曹某某为恢复之前的搜索排名所需支付的推广成本应作为损失赔偿确定的重点考量因素。根据《中华人民共和国电子商务法》第 42 条规定，恶意发出错误通知，造成平台内经营者损失的，加倍承担赔偿责任。故北京某商贸有限公司应对曹某某因此遭受的损失加倍承担赔偿责任。在以上因素基础上，法院于 2021 年 1 月21 日判决：北京某商贸有限公司赔偿曹某某 150 万元。北京某商贸有限公司不服，向浙江省杭州市中级人民法院提起上诉。浙江省杭州市中级人民法院于2021 年 9 月 1 日判决：驳回上诉，维持原判。北京某商贸有限公司不服，向浙江省高级人民法院申请再审。浙江省高级人民法院于 2022 年 9 月 28 日裁定：驳回再审申请。

6.2.6.3 典型意义

近年来，随着知识产权成为市场竞争的利器，数字经济领域滥用知识产权的不诚信行为也频频出现。该案系适用电子商务法规制滥用平台规则实施恶意投诉行为的典型案例。在电子商务环境下，既要保护知识产权人的合法权利、规范电商平台上经营者的经营行为，又要规制权利人滥用权利、保护诚信经营者的合法经营权。该案判决依法适用电子商务法规定的恶意通知条款，判令恶意投诉人承担加倍赔偿责任，有力规制了滥用平台规则的行为，营造了公平诚信的网络营商环境。

根据《中华人民共和国电子商务法》第 42 条规定，恶意发出错误通知，造成平台内经营者损失的，加倍承担赔偿责任。在认定投诉人是否"恶意"的过程中，应遵循"谁主张谁举证"的证据规则，并根据各方举证能力强弱、证据的把控归属等情况合理分配举证责任。该案中，法院根据当事人双方提供的证据和陈述，在事实调查中适当分配举证责任，明确投诉人应举证证明其投诉合法且正当，被投诉人应举证证明其所售商品未侵权且投诉人存在恶意投诉行为，最终依法认定该案投诉人构成"恶意"投诉行为。

6.3　计算机软件著作权保护典型案例分析

6.3.1　某培训机构计算机软件著作权侵权案[1]

6.3.1.1　案情简介

2016 年年底，根据权利人举报线索，有关执法人员对黔南布依族苗族自治州都匀市某培训机构依法进行了检查，发现该场所内供学员练习驾照考试科目一、科目四的 12 台计算机中均安装"鸿德交规速成系统 V1.0"软件，执法人员在该软件的"授权使用单位名称信息管理"菜单中的"名称"栏和"序列号"栏随便输入任何数字或汉字，均可正常登录使用，且当事人肖某无法提供使用授权证明，其行为涉嫌计算机软件侵权盗版。

6.3.1.2　案件结果

对肖某下达行政处罚决定书，就当事人侵害著作权人享有的计算机软件著作权的违法行为给予其立即停止一切侵权行为、删除相关计算机软件的处罚，并处罚金人民币 8000 元。该案是黔南布依族苗族自治州查办的首例计算机软件著作权侵权盗版案件。

6.3.1.3　典型意义

该案为贵州省黔南布依族苗族自治州首例计算机软件著作权侵权案件，通过人员举报结合现场取证，对案件进行处理，侵权人对处罚结果并无异议，为贵州省黔南布依族苗族自治州后期处理计算机软件著作权侵权纠纷案件具有指导意义。

---

[1]　佚名. 黔南州成功查处首例计算机软件侵权盗版案件［EB/OL］. (2017 – 03 – 03)［2023 – 04 – 15］. http：//whhly. guizhou. gov. cn/zwgk/xxgkml/jcxxgk/dcjc/202008/t20200812_62402527. html.

6.3.2　法国某公司计算机软件著作权侵权案❶

6.3.2.1　案情简介

法国某公司是全球领先的三维（3D）设计软件开发及销售商之一，系SOLIDWORKS系列计算机软件作品的著作权人。应法国某公司申请，法院于2020年8月19日到德州某公司进行诉前证据保全。在证据保全过程中，德州某公司阻挠技术专家查看计算机和拆除计算机主机。经释明后，德州某公司仍无正当理由拒绝配合取证工作。经法院现场清点，德州某公司办公室共有77台计算机，其中有33台计算机的主机被拆除。法院从现场未被拆除的44台计算机中随机抽查了4台，发现有1台计算机安装了涉案软件。达索公司以德州某公司侵害涉案软件著作权为由诉至法院。德州某公司未经许可，复制了达索公司享有著作权的计算机软件，构成侵权。德州某公司擅自将33台计算机的主机拆除，致使法院无法保全证据，故应当认定这33台计算机中均安装了涉案软件。对未被拆除的44台计算机，可以按照1/4的比例确定安装侵权软件的计算机数量为11台。法院按照安装侵权软件计算机的数量44台，判决德州某公司赔偿186万元。

6.3.2.2　案件结果

经调查，依照《最高人民法院、最高人民检察院、公安部关于办理侵犯知识产权刑事案件适用法律若干问题的意见》第11条规定，当事人擅自复制著作权人软件的行为属于"未经著作权人许可"的情形。当事人未经软件著作权人许可，擅自复制著作权人软件的行为，违反了《计算机软件保护条例》第8条规定，侵害了软件著作权人享有的复制权。执法人员在调查取证并履行法定程序后，依法对当事人肖某进行了相关行政处罚。

6.3.2.3　典型意义

该案是推进诉讼诚信体系建设、有效运用证据机制强化保护知识产权的典型

---

❶　参见最高人民法院（2021）最高法知民终1560号民事判决书。

案例。证据保全措施是民事诉讼活动的重要组成部分，是人民法院行使司法审判权的重要手段。当事人无正当理由拒不配合或者妨碍证据保全，致使无法保全证据的，人民法院可以确定由其承担不利后果。一方当事人阻碍或抗拒证据保全的，违反了诉讼诚信的基本原则，是一种严重妨碍民事诉讼的行为，人民法院可以推定该证据所证明的事实不利于该方当事人。

6.3.3　涉开源软件侵害计算机软件著作权案[1]

6.3.3.1　案情简介

济宁某网络科技有限公司的股东罗某在 Github 网站上传了其开发的 Virtual App（以下简称"涉案软件"）初始源代码并适用 GPLv3 开源许可协议。涉案公司为广州某网络科技有限公司，在未提供源代码的前提下，将侵权的 App 上传至各大网络平台提供给网络用户下载使用，同时通过会员制进行一定的收费盈利，在用户免费体验一段时间后，需通过充值付费的方式进行续约使用。济宁某网络科技有限公司认为广州某网络科技有限公司上传的相关软件与涉案软件中沙盒分身功能实质性相似，同时广州某网络科技有限公司在不提供源代码的基础上开展对用户的收费行为已经违反了商业使用条款以及 GNU 通用公共许可证（GPLv3）开源许可协议，已经属于软件著作权的侵权。广州知识产权法院受理案件后分析认为广州某网络科技有限公司的行为部分违反了 GPLv3 开源许可协议，其需要将源代码公开。

6.3.3.2　案件结果

广州知识产权法院最终判决广州某网络科技有限公司停止相关侵权软件的下载、安装和运营服务，并且赔偿济宁某网络科技有限公司相关损失共计 50 万元。最终一审宣判后，双方并未进行上诉。

6.3.3.3　典型意义

该案是涉及开源代码软件著作权保护的新类型案件。人民法院对开源软件的

---

[1]　参见广州知识产权法院（2019）粤 73 知民初 207 号民事判决书。

诉讼主体资格、开源协议许可的撤销、限制商业使用条款等问题进行了积极探索。

6.3.4　某付费软件计算机软件著作权侵权案[1]

6.3.4.1　案情简介

原告美国某科技有限公司诉被告上海某有限公司侵犯计算机软件著作权一案中。原告主张其是 MDaemon 系列邮件服务器软件的著作权人，接用户举报，原告得知被告使用了一款 MDaemon 软件，经核查，销售系统中未发现被告的购买记录。为维护自己的合法权益，以被告使用盗版计算机软件的行为侵犯其计算机软件著作权为由诉至法院。被告辩称原告的软件是先使用后付费的软件，用户可以从多种渠道取得。被告从 2012 年 12 月 21 日开始使用涉案软件，30 天试用期满后已于 2013 年 1 月 18 日卸载并删除，故被告是合法使用，没有侵犯原告的权益。

6.3.4.2　案件结果

《最高人民法院关于审理著作权民事纠纷案件适用法律若干问题的解释》第 21 条规定："计算机软件用户未经许可或者超过许可范围商业使用计算机软件的，依据著作权法第四十七条第（一）项、《计算机软件保护条例》第二十四条第（一）项的规定承担民事责任。"被告未能证明其使用涉案软件获得了原告的合法授权，应当承担相应的民事责任。该案被告辩称涉案软件是共享软件，其没有使用破解版，并已经在 2013 年 1 月 18 日停止使用涉案软件，故其在 30 天免费试用期内合法使用了涉案软件，不构成侵权。法院认为，共享软件并不等同于免费使用的软件，限定的试用时间期满后，使用者如需继续使用应当支付购买费用。但直到原告于 2013 年 5 月 16 日第二次证据保全时，被告仍然在使用涉案软件，已经远远超过了 30 天的试用期，被告对其已在 2013 年 1 月 18 日停止使用涉案软件的辩解也没有提供相应的证据证明。故被告未经原告许可商业使用涉案

---

[1]　参见上海市浦东新区人民法院（2013）浦民三（知）初字第 770 号民事判决书。

软件的行为，侵犯了原告对涉案软件依法享有的著作权，应当承担停止侵权、赔偿损失的民事责任。

6.3.4.3　典型意义

涉案软件属于 30 天免费试用软件，被告人试用 30 天后如果需要继续使用则需要付费或不使用则需卸载。但该案中，原告通过公证并进行证据保全，确认其于免费试用期结束后仍然在使用涉案软件，说明其并没有卸载涉案软件，仍然使用破解的盗版软件。该案件在计算机软件著作权侵权判定证据保全方面具有参考意义。

6.3.5　上海某公司计算机软件著作权侵权案❶

6.3.5.1　案情简介

南京某微电子股份有限公司拥有微 USB 转串并口芯片 CH340 内置固件程序软件 V3.0 计算机软件著作权。该芯片主要运用于 3D 打印机、机器人、扫码枪、销售终端（POS）机等领域设备。上海某集成电路设计有限公司于 2016 年起，在南京某微电子股份有限公司未授权的情况下，通过委托其他技术公司的方式，将南京某微电子股份有限公司的 CH340 芯片复制并破解，进行一系列包装及掩盖后进行销售牟利，经过专业机构的抽样检测鉴定，当事人双方的涉案软件本质上相同，上海某集成电路设计有限公司的行为已经侵权沁某公司。

6.3.5.2　案件结果

2021 年 4 月 26 日，南京市雨花台区检察院以侵犯著作权罪对上海某集成电路设计有限公司、相关责任人提起公诉。对上海某集成电路设计有限公司判处罚金人民币 400 万元；对相关责任人许某判处有期徒刑 4 年，处罚金 36 万元人民币；对相关责任人陶某判处有期徒刑 3 年 2 个月，处罚金 10 万元。一审判决后，被告人均不服判决结果，并提起上诉。二审法院审理后，维持原判驳回上诉。

---

❶　参见江苏省南京市中级人民法院（2021）苏 01 民初 2032 号民事判决书。

6.3.5.3　典型意义

此次案件纠纷中，涉及芯片源代码等相关高新技术的运用及取证，为了避免在取证过程中对相关技术的"二次侵害"，在审查、封存、质证方法等过程中均协同其他相关技术部门共同开展，最终保证了证据获取的合法性、公平性以及真实性，从而使该案件顺利破获。

6.3.6　某操作系统计算机软件著作权侵权案[1]

6.3.6.1　案情简介

2013～2018 年，某上市公司向广州某公司购买了 478 个企业资源计划（ERP）系统软件的许可证书，约定未经许可的厂家或超过用户数需要根据实际使用量购买许可证授权。某上市公司将涉案 ERP 系统软件安装部署在其公司的服务器上，员工通过远程连接登录至服务器上安装的 Linux 操作系统，在该操作系统中对 ERP 软件进行访问和使用。鉴定机构对某上市公司提交的日志文件（LogFile）进行分析，统计使用涉案软件时产生的注册（login）及注销（logout）记录，鉴定结论为 2017 年度的总用户名数量为 1380 个，2018 年度的总用户名数量为 927 个。广州某公司及某上市公司等 24 名被告均确认，LogFile 文件是 QAD ERP 软件自动生成的，记录了各被告操作系统（OS）用户或者操作系统内核（Linux）。

6.3.6.2　案件结果

法院认为，在合同没有约定"许可证"是单个还是并发的命名用户许可证的情况下，应当从保护软件著作权人权益的角度出发，对合同所述"许可证"作限缩解释，根据当时的技术发展情况、软件类型及用途等因素考虑，"许可证"应当系"单个命名用户许可证"，即一个许可证仅能被一个命名用户使用。

---

[1]　参见广东省高级人民法院（2019）粤 73 知民初 1519 号民事判决书。

"用户数"与"许可证数"的数量亦应当是相同的。某上市公司实际使用涉案软件的用户有 1380 个，超过了合法授权许可用户数 478 个，使用方式超出了合同约定的许可范围，侵害了广州某公司涉案软件的复制权。其证据不足以证明其余23 个被告与某上市公司构成共同侵权，遂判令某上市公司停止侵权并赔偿广州某公司经济损失及合理费用合计 400 万元。

6.3.6.3　典型意义

该案是利用云服务架构模式扩大许可使用范围构成著作权侵权的典型案例。该案明确了在合同履行过程中运用新技术，应当遵循双方当事人的合意，遵守法律法规的规定及行业惯例，若利用云服务技术将一个软件许可证应用于多个用户端，则扩大使用的客户端超出了合同约定的授权范围，应视为未经许可的使用行为，构成著作权侵权。该案件顺应计算机技术发展新趋势，对规范计算机软件著作权许可使用具有积极意义，为类似案件的审理提供了有益借鉴。

6.4　集成电路布图设计保护典型案例分析

6.4.1　"锂电池保护芯片"集成电路布图设计侵权案[1]

6.4.1.1　案情简介

苏州某电子科技有限公司拥有"集成控制器与开关管的单芯片负极保护和锂电池保护芯片"专利并享有其专利权。而深圳某科技有限公司在未经苏州某电子科技有限公司的授权下，其制作销售的芯片与苏州某电子科技有限公司的芯片集成电路布图设计实际上相同，在一定程度上已经侵害了苏州某电子科技有限公司的集成电路布图设计专有权。随后经一审法院判定，深圳某科技有限公司已经构成对苏州某电子科技有限公司的专利权侵害，构成了侵权行为，须赔偿苏州某电

---

[1]　参见最高人民法院（2019）最高法知民终 490 号民事判决书。

子科技有限公司经济损失累计 50 万元，且相关责任人承担连带责任。随后深圳某科技有限公司及相关责任人不服从一审判决，并上诉至最高人民法院。

6.4.1.2　案件结果

经由最高人民法院审理判定，认为集成电路布图设计图样的保护并不是以公开布图设计图样的内容为考量基础。集成电路布局设计的保护对象是为执行某种电子功能而对于元件线路所具有的独创性配置，关于独创性的证明不能过分加大权利人的举证责任。权利人主张对于布图设计的独创性配置或部分独创性应受到保护时，应对其独创性进行解释或实质说明，然后由被诉侵权人提供相反证据佐证。在此基础上，综合判断布图设计的配置是否具有独创性，故最终驳回上诉，维持原判。

6.4.1.3　典型意义

该案是最高人民法院知识产权法庭审理的首例侵害集成电路布图设计专有权纠纷的二审案件，涉及集成电路布图设计侵权诉讼中的一系列基础性问题。该案裁判明确了集成电路布图设计登记行为的性质，以及集成电路布图设计独创性判断的基本思路，依法保护了集成电路布图设计专有权人的合法权益，对妥善处理集成电路布图设计侵权纠纷具有示范意义，对规范集成电路产业的创新发展具有指引作用。该案入选最高人民法院指导性案例和 2020 年中国法院十大知识产权案件。

6.4.2　LED 照明用的"PT4115"集成电路布图设计侵权案❶

6.4.2.1　案情简介

上海某科技有限公司拥有 LED 照明用的"PT4115"集成电路布图设计专有权的权益。南京某科技有限公司在未授权的情况下对上海某科技有限公司的PT4115 集成芯片进行了解析，制造了 1360 集成电路的布图设计图样，并将该设计图样卖给了第三方公司，第三方公司根据图样制造了新的管芯，并将该管芯卖

---

❶　参见江苏省南京市中级人民法院（2009）宁民三初第 435 号民事判决书。

给了南京某科技有限公司。随后，南京某科技有限公司将该管芯重新编码成其他系列的集成电路并对外销售盈利。最终上海某科技有限公司向江苏省南京市中级人民法院提出诉讼，指出南京某科技有限公司侵犯了自身集成电路布图设计专有权，并要求其赔偿。

6.4.2.2　案件结果

江苏省南京市中级人民法院最终判决南京某科技有限公司所研发的电路设计图与上海某科技有限公司的设计图相似度 100%，在未经上海某科技有限公司授权的情况下将相关设计图卖给第三方企业获利，该行为已经构成了对上海某科技有限公司 "PT4115" 布图设计专有权的侵害；另外，南京某科技有限公司还通过该设计图制造的集成电路进行销售获利，均属于侵害了上海某科技有限公司 "PT4115" 集成电路布图设计专有权，因此判决南京某科技有限公司立即停止侵害行为，并且赔偿上海某科技有限公司各类损失费用累计 23 万余元。双方当事人均服从判决，未进行上诉。

6.4.2.3　典型意义

该案件是关于集成电路布图设计专有权纠纷的典型案例，包括了对设计图的复刻并将设计图进行销售盈利这一行为，同时将复刻的设计图进行集成电路的制作，从而再一次获利。这一案件也将权利的保护范围以及侵权的判定共同展现出来，对类似的案件处理提供了宝贵的经验，也得到了行业的普遍认可。

6.4.3　某系列芯片集成电路布图设计专有权权属认定纠纷案❶

6.4.3.1　案情简介

2015 年 10 月 22 日，无锡某公司向国家知识产权局申请涉案集成电路布图设计登记，于 2016 年 1 月 20 日获得颁证。2017 年 9 月，无锡某公司向国家知识产权局集成电路布图设计行政执法委员会提出纠纷处理请求，认为南京某公司销售

---

❶　参见江苏省苏州市中级人民法院（2017）苏 05 民初 1168 号民事判决书。

的型号为 ECH485（芯片代号为 C16F01）的芯片侵害了涉案布图设计专有权，执法委员会于 2017 年 9 月 12 日立案。2017 年 11 月，南京某公司向江苏省苏州市中级人民法院提起诉讼，认为其与无锡某公司合作研发了 485 系列芯片产品，请求确认涉案布图设计专有权为双方共同所有，或南京某公司至少应当享有涉案布图设计的使用权。

6.4.3.2　案件结果

法院经审理认为，在案证据不能认定南京某公司与无锡某公司合作创作涉案布图设计，遂判决驳回南京某公司全部诉讼请求。

6.4.3.3　典型意义

该案出现之前，现行法律规范对于如何认定集成电路布图设计合作创作者并无规定，该案从集成电路布图设计这一特殊知识产权客体内涵和性质出发，参照专利法对发明人或者设计人的认定标准，提出对集成电路元器件及互联线路三维配置这一设计的独创性部分作出实质性贡献的人可以认定为创作者，为同类案件的处理提供了参考和借鉴。该案在全国范围内首次实现与国家知识产权局就侵害集成电路布图设计行政纠纷协同审理，加快推进了民事纠纷和行政纠纷的处理进程，充分体现了人民法院发挥知识产权司法职能，有效推动了芯片及高性能集成电路等高新技术产业的发展。

第7章 数字经济知识产权政策研究

本章通过对贵州省数字经济发展进程中相关知识产权政策的收集与研究，了解当前政策环境信息，了解当前政策导向，为构建后续发展对策建议提供依据（政策按照发布日期进行排序）。

7.1 数字经济与专利政策研究

在专利政策方面，检索到贵州省数字经济有38件相关政策，具体如表7－1－1所示。

表7－1－1 贵州省数字经济相关专利政策

序号	政策名称	发文部门	发布日期	实施日期
1	关于印发《贵州省国有专利资产管理规定（试行）》的通知	贵州省经济贸易委员会、贵州省人民政府国有资产监督管理委员会、贵州省知识产权局	2004－11－23	2005－01－01
2	关于加强与科技有关的专利管理工作的意见	贵州省科学技术厅、贵州省知识产权局	2004－12－22	2005－02－01
3	贵州省知识产权举报投诉奖励办法（试行）	贵州省知识产权局	2009－01－01	2009－01－01
4	贵阳市知识产权入股管理暂行办法	贵阳市人民政府	2009－01－01	2009－01－01
5	贵阳市优秀专利评奖办法（暂行）	贵阳市人民政府	2009－04－03	2009－04－03
6	贵州省专利权质押贷款管理暂行办法	中国人民银行贵阳中心支行、贵州省知识产权局、中国银行业监督管理委员会贵州监管局	2010－03－22	2010－03－22

序号	政策名称	发文部门	发布日期	实施日期
7	贵州省查处假冒专利违法行为办法	贵州省科学技术厅	2010－12－01	2010－12－01
8	安顺市专利奖励办法（试行）	安顺市人民政府	2011－02－26	2011－02－26
9	毕节市知识产权战略实施意见	毕节市人民政府	2011－04－18	2011－04－18
10	贵州省专利资助管理办法	贵州省知识产权局、贵州省财政厅	2018－03－12	2018－04－15
11	贵州省加强科技创新 加快科技进步奖励补助办法实施细则（暂行）	贵州省科学技术厅、贵州省财政厅	2012－08－20	2012－08－20
12	贵州省专利案件公告管理办法	贵州省知识产权局	2012－09－17	2012－09－17
13	贵州省专利行政处罚听证规则	贵州省知识产权局	2012－09－17	2013－01－15
14	贵州省知识产权局关于印发《关于促进专利代理行业发展的意见》的通知	贵州省知识产权局	2013－02－20	2013－02－20
15	贵州省专利行政案件物证管理办法	贵州省知识产权局	2013－03－01	2013－04－10
16	贵州省专利行政委托执法暂行办法	贵州省知识产权局	2013－03－01	2013－04－10
17	贵州省知识产权举报投诉奖励办法（试行）	贵州省知识产权局	2013－07－04	2013－08－05
18	黔南州科学技术和知识产权局专利行政执法案件信息公开工作制度	黔南布依族苗族自治州科学技术和知识产权局	2016－07－30	2016－07－30
19	贵州省人民政府关于新形势下加快知识产权强省建设的实施意见	贵州省人民政府	2017－11－26	2017－11－26
20	贵州省知识产权对外转让审查细则（试行）	贵州省科学技术厅、贵州省商务厅、贵州省农业委员会、贵州省林业厅	2018－08－31	2018－08－31

续表

序号	政策名称	发文部门	发布日期	实施日期
21	贵州省推进知识产权质押融资实施方案	贵州省知识产权局、中国银行保险监督管理委员会贵州监管局	2020 – 03 – 23	2020 – 03 – 23
22	贵州省专利纠纷行政调解工作办法	贵州省知识产权局	2020 – 04 – 22	2020 – 04 – 22
23	贵州省支持知识产权高质量创造及运用项目和专项资金管理办法	贵州省市场监督管理局、贵州省财政厅	2020 – 06 – 10	2020 – 07 – 01
24	贵州省知识产权创造运用促进资助办法	贵州省市场监督管理局	2020 – 07 – 20	2020 – 08 – 01
25	贵州省专利条例	贵州省人民代表大会常务委员会	2020 – 09 – 25	2020 – 09 – 25
26	安顺市知识产权创造运用促进资助办法（试行）	安顺市市场监督管理局、安顺市财政局	2020 – 12 – 11	2020 – 12 – 11
27	安顺市市级知识产权专项资金管理办法（试行）	安顺市市场监督管理局、安顺市财政局	2020 – 12 – 11	2020 – 12 – 11
28	贵州省知识产权质押融资入园惠企行动方案（2021—2023 年）	贵州省知识产权局、中国银行保险监督管理委员会贵州监管局、贵州省发展和改革委员会、贵州省地方金融监督管理局	2021 – 09 – 09	2021 – 09 – 09
29	贵州省知识产权奖励办法	贵州省知识产权局、贵州省人力资源和社会保障厅、贵州省财政厅	2021 – 10 – 12	2021 – 10 – 12
30	贵州省知识产权"十四五"规划和 2035 年知识产权强省建设远景目标纲要	贵州省人民政府	2021 – 11 – 02	2021 – 11 – 02
31	贵阳市技术调查官参与专利侵权纠纷行政裁决办案工作规则（试行）	贵阳市市场监督管理局	2021 – 11 – 9	2021 – 11 – 9
32	中共贵阳市委办公厅　贵阳市人民政府办公厅印发《关于强化知识产权保护的实施意见》的通知	中共贵阳市委办公厅、贵阳市人民政府办公厅	2021 – 04 – 07	2021 – 04 – 07

序号	政策名称	发文部门	发布日期	实施日期
33	贵阳市知识产权资助管理办法（试行）	贵阳市市场监督管理局（市知识产权局）、贵阳市财政局	2024 - 07 - 23	2024 - 07 - 23
34	贵阳市知识产权专项资金使用管理办法	贵阳市市场监督管理局（市知识产权局）、贵阳市财政局	2024 - 07 - 23	2024 - 07 - 23
35	贵州省专利奖评选办法	贵州省知识产权局	2022 - 11 - 07	2022 - 11 - 07
36	中国（贵阳）知识产权保护中心专利快速预审服务备案登记管理办法（试行）	贵阳市市场监督管理局	2023 - 09 - 14	2023 - 09 - 14
37	2023 年贵州省知识产权质押融资工作推进计划	贵州省政府知识产权办公室会议办公室	2023 - 03 - 12	2023 - 03 - 12
38	贵州省知识产权高质量发展资助办法	贵州省知识产权局	2023 - 05 - 15	2023 - 05 - 15

7.1.1　专利重点政策解读

7.1.1.1　《贵州省知识产权"十四五"规划和 2035 年知识产权强省建设远景目标纲要》

《贵州省知识产权"十四五"规划和 2035 年知识产权强省建设远景目标纲要》阐明了贵州省"十四五"时期知识产权事业的发展目标、发展思路以及主要任务和具体措施，同时 2035 年远景目标成为贵州省知识产权相关职能部门在制订未来规划及具体实施政策的重要依据。针对专利重点内容，该纲要设置"十四五"知识产权发展主要指标表（明确每万人口高价值发明专利拥有量增长到 2025 年的 15% 左右，评选专利奖项 180 个、专利代理师 350 人）、实施高价值发明专利培育工程、实施促进专利技术转化助力中小企业创新发展攻坚行动专栏。落实药品专利纠纷早期解决机制，开展侵权、假冒伪劣药品执法行动，依法从重打击侵权、假冒伪劣药品违法行为。深化知识产权裁判方式改革，实现专利民事程序与行政程序无缝对接。将专利真实性监督检查和知识产权代理行为检查等纳入日常监管事项。鼓励保险机构开发、设计满足企业需求的专利保险产品并提升服务能力，指导保险公司加大对知识产权相关保险的宣传和推广力度。进一步完善专利奖评选办法，重点加大对关键领域的自主知识产权激励政策，对非正常的专利申请进行严厉打击，最终完善自主知识产权的申请流程。同时对重点关键领域及产业建立相关知识产权数据库，建立相关专利检索标准，最终推进知识产权的运用。支持选取重点产业布局标准必要专利，加快将自主专利技术通过标准化途径产业化、市场化。鼓励高水平建设产业知识产权联盟，构筑产业技术专利池。做好标准制定和专利池构建的有效衔接，促进技术、专利与标准协同发展。推动高校、科研机构制定职务科技成果专利申请前评估工作机制和流程。建立专利运营数据信息通报机制。积极推广国家知识产权局专利产品备案系统，指导市场主体开展专利产品及相关信息数据的备案工作，适时通报全省专利运营数据和专利产品备案情况。推广运用专利检索及分析系统，向社会免费提供专利检索服务等。

7.1.1.2 《贵州省知识产权高质量发展资助办法》

该办法打通知识产权创造、运用、保护、管理和服务全链条，促进知识产权高质量发展。创造方面，对经组织专家评审确定的贵州省高价值核心专利培育中心，给予 50 万元资助；自确定后的次年起，经组织专家年度评价合格，每年给予 50 万元资助，最多再资助 3 年；运用方面，企业将授权 2 年内的发明专利向国家知识产权局国家专利密集型产品备案认定试点平台进行备案，被审核认定为专利密集型产品的，其每件发明专利资助 5000 元，同一专利密集型产品，最多资助 4 件发明专利。保护方面，对国家知识产权局批准设立的知识产权保护中心给予一次性资助 200 万元，国家知识产权保护示范区和快速维权中心给予一次性资助 100 万元，国家地理标志保护示范区给予一次性资助 50 万元，国家级知识产权保护规范化市场给予一次性资助 8 万元。对贵州省知识产权局确定的贵州省知识产权维权援助分中心给予一次性资助 30 万元，贵州省知识产权维权援助工作站给予一次性资助 10 万元，省级知识产权保护规范化市场给予一次性资助 5 万元。

7.1.1.3 《贵州省专利奖评选办法》

该评选办法共 18 条，第 1 条、第 2 条规定评选办法制定依据和原则；第 3 条、第 4 条规定评选工作的组织领导及机构组建；第 5 条、第 6 条、第 7 条规定贵州省专利奖奖项的种类、设置及奖励标准；第 8 条、第 9 条、第 10 条规定贵州省专利奖申报范围和条件；第 11 条规定贵州省专利奖评价指标及权重；第 12 条、第 13 条、第 14 条规定评审程序及异议处理；第 15 条、第 16 条规定贵州省专利奖的表彰奖励和处罚措施；第 17 条规定评选办法的实施机构；第 18 条规定评选办法的实施时间。

7.1.1.4 《贵州省专利条例》

《贵州省专利条例》的制定，主要目的是推动贵州省专利的运用、发展以及创造，最终推动省内经济结构转变，促进各行各业科学技术的发展，从而带动地区经济发展。《贵州省专利条例》制定的背景是为了推动社会经济及科学技术的发展，同时强化相关专利技术的保护和良好运用，最终鼓励社会主体发明创造，提升创新创造能力。

该条例第二章为专利促进，主要包括对专利的申请扶持、专利运用、专利人才培养、专利技术保护及服务等相关工作内容，同时提到财政专利资金应当实行专款专用。另外，对于专利创造者，各单位应当设立相应的奖励与报酬机制，对被授予专利权的发明人进行鼓励及奖励，从而促进专利的创造及不断发展，保障专利创造人的各项权益及利益。

该条例第三章为专利保护，主要为对市场上出现的专利权益受到影响及侵权时应当如何及时有效的处理，从而最大程度保障专利所有人的权益。

该条例第四章为专利服务与管理，主要为政府相关管理部门应当搭建专利信息公共服务体系，在专利信息的传播及实际利用上做出一定推动作用，同时约束专利服务机构的行为，按照行业甚至法律标准执行相关工作。

该条例第五章主要为专利的法律责任，主要为违反该条例的相关处罚及责任，从而起到震慑作用。

7.1.1.5 《贵州省知识产权对外转让审查细则（试行)》

《贵州省知识产权对外转让审查细则（试行)》主要为知识产权对外转让的审查工作，分别从知识产权的安全性以及对核心技术可持续发展的影响等多个方向设立标准，最终便于分析了解相关知识产权对外转让后对我国技术创新领域发展的影响。

7.1.1.6　《贵州省专利权质押贷款管理暂行办法》

《贵州省专利权质押贷款管理暂行办法》从金融领域对知识产权及相关领域进行规范化管理，将使用专利作为抵押物的相关贷款对象、资金用途以及具体的条件、额度、办理程序等进行规范化梳理，以推动贵州省知识产权的发展。可用于作为抵押贷款的专利权条件包括：①必须已被国家知识产权局依法授予专利证书的有效发明专利、实用新型专利和外观设计专利；②专利权处于法定有效期限内，并按时缴纳年费；③涉及国家安全与保密事项的专利权应符合国家安全与保密部门的相关规定；④授予专利权的专利项目处于实质性的实施阶段 2 年或以上，具有一定的市场潜力和良好的经济效益；⑤双方当事人约定的专利权的质押期限不得超过该专利权有效期限。在贷款有效期内，借款人有维护专利权有效的义务等。

7.1.1.7　《贵州省专利纠纷行政调解工作办法》

《贵州省专利纠纷行政调解工作办法》主要明确了专利的归属、资格、报酬、侵犯等事宜，其中包括专利的申请权和归属之间的纠纷，专利的发明人与设计人的资格所有权纠纷，专利发明人的报酬纠纷，专利侵犯侵权的赔偿纠纷等。

①调解的基本原则：自愿、合法合理、公平公正、保密、无偿等五大原则。②调解的管辖：被请求人所在地的县级市场监管局属地管辖。③调解的立案条件：请求人要提交请求书及相关证据材料，被请求人提交意见陈述书并同意调解的方可立案。④当事人的权利义务：当事人享有自主决定是否接受或终止调解、申请回避、自愿达成协议等三项权利；如实陈述事实、遵守调解原则和纪律、自觉履行调解协议等三项义务。⑤调解的程序和时限：调解的时限是 60 日内结案，同时应该制作调解笔录和调解协议书。

调解的程序主要包括调解员人数，立案后调解员人数应为 1~3 名，同时事件主体，即当事人应当提供相应证据且进行意见陈述，最后调解员应当根据证据及意见陈述等客观情况，在充分了解双方利益冲突或联结点后，引导双方当事人达成调解。

调解的中止和终止的情形。中止情况包括：当事人丧失民事行为能力、死亡、无法明确法定代理人、无法明确权利义务承受人等；参考相似另一案件为结果依据时，另一案件没有完结的，无法继续参考；等相关中止的因素消除后，应当及时恢复双边调解。终止情形包括：当事人已经达成了和解协议；调解过程中一方不同意继续进行调解；当事人一方无正当理由在规定时间内不参加调解的；经调解未能在规定期限内达成调解协议的。

7.1.1.8 《贵州省查处假冒专利违法行为办法》

该办法明确查处假冒专利违法行为的管辖由行为实施地和行为结果地市、州、地以上管理专利工作的部门管辖。提出回避条件为：参与查处假冒专利违法行为的人员有下列四种情形之一的，应当自行回避。当事人也有权以口头或者书面方式申请其回避。

第一，立案：未经他人许可，在产品上或者产品的包装上使用他人的专利号或专利标识；相关专利权已经被终止或无效后，还在继续使用该专利标识或专利号的；在相关产品的说明书上将他人未授权的专利设计或者技术直接使用并标注为产品专利设计等情况；在提交专利申请还未正式获得专利授权时，将该专利申请宣布为专利；制作假的专利证书及文件、申请文件等情况；混淆公众将其他非专利技术或设计等表达成为专利技术的行为。经过调查发现有以上情形之一的，会在 5 日内予以立案。

第二，调查取证：管理专利工作的部门查处假冒专利违法行为时，执法人员不得少于 2 人，并应当向当事人或者有关人员出示专利行政执法证件。出示专利行政执法证件的情况应当记录在案。

第三，处罚前告知与听证：案件调查终结，管理专利工作的部门应当指定 3 名具有执法资格的人员组成合议组，对案件进行评议，根据不同情况，提出如下建议，报分管领导审批：确有应受行政处罚的违法行为的，根据情节轻重及具体情况，提出行政处罚的建议；违法行为轻微，依法可以不予行政处罚的，提出不予行政处罚的建议；违法事实不能成立的，提出撤销案件的建议；违法行为可能构成犯罪的，提出移送司法机关的建议。

第四，处罚：管理专利工作的部门认定假冒专利违法行为成立，应当依法责令当事人采取改正措施的，按照《专利行政执法办法》等规定办理。查处假冒专利案件需要公告的，应当按照《贵州省专利案件公告管理办法》的规定办理。

7.1.2　小　结

总体来看，贵州省出台的专利相关政策相对较多，知识产权政策受到各级政府部门重视，专利在贵州省知识产权发展中占据主导地位。

从发文内容来看，目前专利政策重点在鼓励专利的高质量发展，例如《贵州省知识产权"十四五"规划和 2035 年知识产权强省建设远景目标纲要》和《贵州省知识产权高质量发展资助办法》，均明确提出支持专利高质量创造、运用、保护、管理和服务的发展。在专利创造方面，积极推进高价值专利项目培育，对高价值专利授权、维持进行资助，鼓励企业、高校以及科研院所积极开展高价值专利申请。在专利运用方面，积极推进专利质押融资、专利许可以及转让等方式扩大贵州省专利应用，特别是专利质押，例如《贵州省专利权质押贷款管理暂行办法》《贵州省推进知识产权质押融资实施方案》《2023 年贵州省知识产权质押融资工作推进计划》均单独针对贵州省专利质押制定政策；鼓励高价值专利积极开展奖项的申报，例如《贵州省专利奖评选办法》《贵阳市优秀专利评奖办法（暂行）》《安顺市专利奖励办法（试行）》；强化专利保护，例如《贵州省专利纠纷行政调解工作办法》《贵州省专利行政处罚听证规则》《贵州省专利案件公告管理办法》，均明确专利纠纷行政调解工作流程及管理；《贵州省查处假冒专利违法行为办法》明确假冒专利违法行为，《贵阳市技术调查官参与专利侵权纠纷行政裁决办案工作规则（试行）》《贵州省知识产权举报投诉奖励办法（试行）》可以提高专利侵权纠纷行政裁决办案技术调查水平和防止专利侵权事件发生等。

7.2　数字经济与商标政策研究

在商标政策方面，检索到贵州省数字经济有 27 件相关政策，具体如表 7-2-1 所示。

表 7 - 2 - 1 贵州省数字经济相关商标政策

序号	政策名称	发文部门	发布日期	实施日期
1	贵州省品牌发展资金管理暂行办法	贵州省商务厅、贵州省财政厅	2006 - 11 - 13	2006 - 11 - 13
2	省知识产权举报投诉奖励办法（试行）	贵州省知识产权局	2009 - 01 - 01	2009 - 01 - 01
3	贵阳市知识产权入股管理暂行办法	贵阳市人民政府	2009 - 01 - 01	2009 - 01 - 01
4	黔西南州推动农特产品地理标志保护与商标注册实施方案	黔西南布依族苗族自治州人民政府办公室	2009 - 03 - 12	2009 - 03 - 12
5	毕节市知识产权战略实施意见	毕节市人民政府	2011 - 04 - 18	2011 - 04 - 18
6	贵州省加强科技创新 加快科技进步奖励补助办法实施细则（暂行）	贵州省科学技术厅、贵州省财政厅	2012 - 08 - 20	2012 - 08 - 20
7	贵州省知识产权举报投诉奖励办法（试行）	贵州省知识产权局	2013 - 07 - 04	2013 - 08 - 05
8	贵阳经济技术开发区鼓励企业获得中国驰名商标、贵州省著名商标和贵阳市知名商标认定的奖励办法（试行）	贵阳国家高新技术产业开发区	2014 - 12 - 17	2015 - 01 - 01
9	毕节市人民政府关于实施商标品牌战略 助推经济发展的意见	毕节市人民政府	2016 - 03 - 28	2016 - 03 - 28
10	贵州省人民政府关于新形势下加快知识产权强省建设的实施意见	贵州省人民政府	2017 - 11 - 26	2017 - 11 - 26
11	贵州省知识产权对外转让审查细则（试行）	贵州省科学技术厅、贵州省商务厅、贵州省农业委员会、贵州省林业厅	2018 - 08 - 31	2018 - 08 - 31
12	贵州省推进知识产权质押融资实施方案	贵州省知识产权局、中国银行保险监督管理委员会贵州监管局	2020 - 03 - 23	2020 - 03 - 23

序号	政策名称	发文部门	发布日期	实施日期
13	贵州省支持知识产权高质量创造及运用项目和专项资金管理办法	贵州省市场监督管理局、贵州省财政厅	2020 - 06 - 10	2020 - 07 - 01
14	贵州省知识产权创造运用促进资助办法	贵州省市场监督管理局	2020 - 07 - 20	2020 - 08 - 01
15	安顺市知识产权创造运用促进资助办法（试行）	安顺市市场监督管理局、安顺市财政局	2020 - 12 - 11	2020 - 12 - 11
16	安顺市市级知识产权专项资金管理办法（试行）	安顺市市场监督管理局、安顺市财政局	2020 - 12 - 11	2020 - 12 - 11
17	中共贵阳市委办公厅 贵阳市人民政府办公厅印发《关于强化知识产权保护的实施意见》的通知	中共贵阳市委办公厅、贵阳市人民政府办公厅	2021 - 04 - 07	2021 - 04 - 07
18	黔西南州品牌奖励管理办法（修订本）	黔西南布依族苗族自治州人民政府	2021 - 08 - 16	2021 - 08 - 16
19	贵州省知识产权质押融资入园惠企行动方案（2021—2023 年）	贵州省知识产权局、中国银行保险监督管理委员会贵州监管局、贵州省发展和改革委员会、贵州省地方金融监督管理局	2021 - 09 - 09	2021 - 09 - 09
20	贵州省知识产权奖励办法	贵州省知识产权局、贵州省人力资源和社会保障厅、贵州省财政厅	2021 - 10 - 12	2021 - 10 - 12
21	贵州省知识产权"十四五"规划和 2035 年知识产权强省建设远景目标纲要	贵州省人民政府	2021 - 11 - 02	2021 - 11 - 02
22	省知识产权局关于确定贵州省商标品牌指导站的通知	贵州省知识产权局	2021 - 11 - 10	2021 - 11 - 10
23	贵阳市知识产权资助管理办法（试行）	贵阳市市场监督管理局（市知识产权局）、贵阳市财政局	2022 - 04 - 24	2022 - 04 - 24
24	贵阳市知识产权专项资金使用管理办法	贵阳市市场监督管理局（市知识产权局）、贵阳市财政局	2022 - 04 - 24	2022 - 04 - 24

序号	政策名称	发文部门	发布日期	实施日期
25	2023年贵州省知识产权质押融资工作推进计划	贵州省政府知识产权办公会议办公室	2023-03-12	2023-03-12
26	贵州省"千企百城"商标品牌价值提升行动实施方案（2023—2025年）	贵州省知识产权局	2023-04-13	2023-04-13
27	贵州省知识产权高质量发展资助办法	贵州省知识产权局	2024-04-15	2024-04-15

7.2.1　商标重点政策解读

7.2.1.1　《贵州省知识产权"十四五"规划和2035年知识产权强省建设远景目标纲要》

该纲要明确了贵州省"十四五"时期知识产权事业发展思路、发展目标、主要任务和具体举措，并展望2035年远景目标，具有战略性、科学性、系统性和实践性的鲜明特征，是贵州省"十四五"时期知识产权事业的行动纲领及2035年远景目标的工作导向，是知识产权相关职能部门履行职责、制定实施年度推进计划及政策措施的重要依据。

针对商标重点内容，在"十四五"知识产权发展主要指标中提出2025年商标有效注册量36万件，深化知识产权裁判方式改革，实现商标民事程序与行政程序无缝对接。将商标使用行为的检查和知识产权代理行为检查等日常监管事项纳入"双随机、一公开"抽查事项清单，进一步规范事中、事后监管。规范商标注册行为，建立健全商标恶意注册监测机制，严厉打击不以使用为目的的商标恶意注册行为。深入实施商标品牌战略。建立适合区域和产业特点的商标品牌培育机制，打造区域商标品牌。鼓励市场主体健全商标品牌管理体系，引导市场主体客观自主地探寻出符合市场运行规则、适合企业自身特点的商标品牌运行方式。力争到2025年底，贵州省知名商标品牌数量大幅增加，涌现出一批在国际、国内有影响力的贵州知名商标品牌，知名商标品牌对经济拉动作用显著增强，促进贵州省经济社会高质量发展，实施商标品牌战略助推高质量发展。充分运用商标品牌发展，传承好黔系列民族文化产业品牌和老字号。谋划好黔系列民族文化产业品牌、老字号商标品牌布局，提升商标品牌价值。推动商标受理窗口建设和业务整合，做好知识产权业务"一窗通办"工作，实现便民利民服务。进一步优化商标等知识产权申请注册办事服务，积极拓展商标受理窗口业务服务范围，持续推进"网上办、寄递办、预约办"，提高办事效率等。

7.2.1.2 《贵州省知识产权高质量发展资助办法》

该办法为贵州省知识产权高质量发展资助办法，统筹用于支持专利、商标、地理标志、集成电路布图设计、植物新品种等知识产权创造、运用、保护、管理和服务的资金。新授权的高价值发明专利，每件资助 1500 元。高价值发明专利的范围，按照国家知识产权局明确的范围为准；对申请日期满 10 年的高价值发明专利，自届满 10 年之日起 6 个月内提出资助申请，每件资助 3000 元。国外发明专利授权资助标准：对国外授权发明专利，资助缴纳官费的 50%，一个国家或地区每件最多资助 1.5 万元，每件发明专利资助不超过 3 个国家或地区；该国外发明专利在中国未获得授权的，不予资助。地理标志注册（批准、登记）资助标准：获得地理标志注册（批准、登记），每件资助 2 万元，仅资助一个渠道。集成电路布图设计专有权登记资助标准：获得集成电路布图设计专有权登记，每件资助 2000 元。植物新品种授权资助标准：获得植物新品种授权，每件资助 5000 元。知识产权权利人向银行申请一年期及以上专利、商标等知识产权质押贷款，本息还清并解除质押后，按照质押贷款额的 1% 给予贴息资助，同一单位年度资助金额最高不超过 10 万元。银行向知识产权权利人发放一年期及以上专利、商标质押贷款，按照质押贷款额的 0.2% 给予风险资助，同一银行对同一知识产权权利人发放的专利、商标质押贷款，年度风险资助金额最高不超过 20 万元。知识产权权利人、银行机构通过担保方式开展知识产权质押贷款，参照上述标准给予资助。全年知识产权质押贷款资助总额以当年预算资金为限，用完即止。

7.2.1.3 《贵阳市知识产权资助管理办法（试行）》

该办法针对商标部分主要有：①对知识产权投保试点企业给予资助。对投保试点企业所投的商标知识产权类保险，其保费根据不同条件实行全额或按一定比例进行资助：获得国家驰名商标的商标，其保费每件不超过 4000 元的给予一次性全额资助,超过 4000 元的再按其超出金额 80% 予以资助,每件参保资助最高不超过 6000 元,每个企业最多资助 10 件商标;企业投保的其他核心主商标,实行按所缴保费的 50% 给予资助,每件资助最高不超过 5000 元,每个企业最多资助 10 件商标。②对开展知识产权质押融资的企业给予资助。知识产权权利人(不包括自然人)以商标向银行申请知识产权质押贷款,本息还清后,按不超过企业应支付同期银行基准贷款利率计算的利息额的 70% 给予一次性贴息补助,每个资助对象最高资助 20 万元。全年资助总额以当年预算资金为限,用完即止。知识产权权利人(不包括自然人)向保险、担保等金融机构进行质押,保险、担保机构向银行提供贷款保险、担保,知识产权权利人向银行申请知识产权质押贷款本息还清的,参照上述标准给予资助。同一银行向贵阳市同一知识产权权利人发放一年期以上商标质押贷款,按照质押贷款额的 0.2% 给予一次性风险资助,风险资助金额最高不超过 20 万元。全年风险资助总额以当年预算资金为限,用完即止。③对知识产权保护项目资助。鼓励商标知识产权权利人主动维权,对权利人在下列情形中产生的合理维权费用给予部分资助:行政裁决、行政调解等行政处理程序已终结,维权请求获得支持;司法诉讼程序已终结,维权请求获得支持;商标无效程序已终结,维权请求获得支持;仲裁程序已终结,维权请求获得支持;人民调解达成调解协议并经司法确认,其维权请求获得支持。

7.2.1.4 《贵州省"千企百城"商标品牌价值提升行动实施方案(2023—2025 年)》

该方案明确主要目标:围绕"3 个 100 工程"(培育打造十大工业产业知名商标品牌 100 个、12 个农业特色优势产业知名商标品牌 100 个、旅游产业知名商标品牌 100 个)三大重点任务,组织实施商标品牌培育"三大行动"(商标品牌价值提升专项行动、商标品牌优势区域创建专项行动、商标品牌建设服务指导专项行动),力争到 2025 年底,贵州省知名商标品牌数量大幅增加,知名商标品牌对经济拉动作用显著增强,商标权保护力度进一步加大,商标品牌发展环境不断优化,培育涌现一批在国际、国内有影响力的知名商标品牌,促进贵州省经济社会高质量发展。

重点任务:精心组织实施"3 个 100 工程",引导企业发挥主体作用,切实增强商标品牌意识，加大商标品牌建设投入，增强自主创新能力，弘扬工匠精神，追求卓越质量，提升产品品质，全面提升贵州商标品牌的知名度和美誉度。

实施路径：分级建立重点商标品牌培育名录库；择优推荐申报创建国家"千企千标""百城百品"及优秀商标品牌指导站。

7.2.2　小　结

总体来看，贵州省的商标相关政策更加注重商标与品牌的结合发展以及商标运用。例如《贵州省"千企百城"商标品牌价值提升行动实施方案（2023—2025 年）》提到加大对商标品牌实施力度；《贵州省知识产权"十四五"规划和2035 年知识产权强省建设远景目标纲要》深入实施商标品牌战略。建立适合区域和产业特点的商标品牌培育机制，打造区域商标品牌。鼓励市场主体健全商标品牌管理体系，引导市场主体客观自主地探寻符合市场运行规则、适合企业自身特点的商标品牌运行方式。力争到2025 年底，贵州省知名商标品牌数量大幅增加，有效注册商标量累计达到 36 万件，涌现一批在国际、国内有影响力的贵州知名商标品牌，知名商标品牌对经济拉动作用显著增强，促进贵州省经济社会高质量发展，实施商标品牌战略助推高质量发展。制定的相关知识产权资助或奖励办法，主要也是鼓励商标品牌注册、运用以及保护，例如《贵州省知识产权高质量发展资助办法》明确给予商标质押贴息、维权给予资助；《贵阳市知识产权资助管理办法（试行）》对商标保险给予资助；《黔西南州品牌奖励管理办法（修订本）》获得政府部门认定的国家级、省级（包括商标、老字号等）称号的单位给予资助等。

7.3　数字经济与计算机软件著作权政策研究

在计算机软件著作权政策方面，检索到贵州省数字经济有 7 件相关政策，具体如表 7 - 3 - 1 所示。

表 7 - 3 - 1　贵州省数字经济相关计算机软件著作权政策

序号	政策名称	发文部门	发布日期	实施日期
1	贵阳市知识产权入股管理暂行办法	贵阳市知识产权局	2009 - 01 - 01	2009 - 01 - 01
2	贵州省知识产权举报投诉奖励办法（试行）	贵州省知识产权局	2013 - 07 - 04	2013 - 08 - 05
3	省人民政府关于新形势下加快知识产权强省建设的实施意见	贵州省人民政府	2017 - 11 - 26	2017 - 11 - 26
4	贵州省知识产权对外转让审查细则（试行）	贵州省科学技术厅（贵州省知识产权局）、贵州省商务厅、贵州省农业委员会、贵州省林业厅	2018 - 08 - 31	2018 - 10 - 01
5	贵州省支持知识产权高质量创造及运用项目和专项资金管理办法	贵州省市场监督管理局、贵州省财政厅	2020 - 06 - 10	2020 - 07 - 01
6	中共贵阳市委办公厅　贵阳市人民政府办公厅印发《关于强化知识产权保护的实施意见》的通知	中共贵阳市委办公厅、贵阳市人民政府办公厅	2021 - 04 - 07	2021 - 04 - 07
7	贵州省知识产权质押融资入园惠企行动方案（2021—2023 年）	贵州省知识产权局、中国银行保险监督管理委员会贵州监管局、贵州省发展和改革委员会、贵州省地方金融监督管理局	2021 - 09 - 09	2021 - 09 - 09

7.3.1　计算机软件著作权重点政策解读

7.3.1.1　《贵州省知识产权举报投诉奖励办法（试行)》

该办法第 3 条明确举报投诉侵犯著作权的犯罪行为，经查证属实的，依照该办法给予奖励。

7.3.1.2　《贵州省知识产权对外转让审查细则（试行)》

该审查细则主要内容包括计算机软件著作权转让审查内容；相关知识产权对外转让对我国的安全影响；相关知识产权对外转让对我国主要技术核心领域创新创业及可持续发展的影响。

7.3.1.3　《贵州省支持知识产权高质量创造及运用项目和专项资金管理办法》

该办法第 9 条专项资金的使用范围包括用于获得国内植物新品种权、计算机软件著作权、集成电路布图设计权和地理标志申请、登记或注册费用资助。

7.3.1.4　《中共贵阳市委办公厅　贵阳市人民政府办公厅印发〈关于强化知识产权保护的实施意见〉的通知》

严格规范证据标准。深入推进知识产权审判机制改革，促进法律适用一致，审判标准统一。完善证据审查机制，强化证据规则运用，丰富证据获取手段，加大取证程序保障力度。严格执行行政执法中的计算机软件著作权侵权案件的货值认定标准。积极构建"互联网＋公证"法律服务体系，探索知识产权案件公证取证方法、电子存证服务规范、电子存证技术应用等制度和规范，降低知识产权当事人举证责任难度。

7.3.2　小　结

贵州省出台的计算机软件著作权相关政策，主要涉及计算机软件著作权侵权保护、创造的登记资助和运用的转让及质押。

在计算机软件著作权侵权保护方面，例如《贵州省知识产权举报投诉奖励办法（试行)》规定举报投诉侵犯著作权的犯罪行为，经查证属实的，依照该办法给予奖励；《关于强化知识产权保护的实施意见》严格执行行政执法中的计算机软件著作权侵权案件的货值认定标准。

在创造的登记资助方面，例如《贵州省支持知识产权高质量创造及运用项目和专项资金管理办法》对获得国内计算机软件著作权登记费用资助。

在转让和质押方面,例如《贵州省知识产权对外转让审查细则（试行)》明确计算机软件著作权对外转让审查内容;《贵州省知识产权质押融资入园惠企行动方案（2021—2023 年)》创新知识产权金融产品包括著作权质押等。

7.4 数字经济与集成电路布图设计政策研究

在集成电路布图设计政策方面,检索到贵州省数字经济有 9 件相关政策,具体如表 7 – 4 – 1 所示。

表 7 – 4 – 1 贵州省数字经济相关集成电路布图设计政策

序号	政策名称	发文部门	发布日期	实施日期
1	贵阳市知识产权入股管理暂行办法	贵阳市知识产权局	2009 – 01 – 01	2009 – 01 – 01
2	贵州省知识产权对外转让审查细则（试行)	贵州省科学技术厅（贵州省知识产权局)、贵州省商务厅、贵州省农业委员会、贵州省林业厅	2018 – 08 – 31	2018 – 10 – 01
3	贵州省支持知识产权高质量创造及运用项目和专项资金管理办法	贵州省市场监督管理局、贵州省财政厅	2020 – 06 – 10	2020 – 07 – 01
4	贵州省知识产权创造运用促进资助办法	贵州省市场监督管理局	2020 – 07 – 20	2020 – 08 – 01
5	中共贵阳市委办公厅 贵阳市人民政府办公厅印发《关于强化知识产权保护的实施意见》的通知	中共贵阳市委办公厅、贵阳市人民政府办公厅	2021 – 04 – 07	2021 – 04 – 07
6	贵州省知识产权质押融资入园惠企行动方案（2021—2023 年)	贵州省知识产权局、中国银行保险监督管理委员会贵州监管局、贵州省发展和改革委员会、贵州省地方金融监督管理局	2021 – 09 – 09	2021 – 09 – 09
7	贵阳市知识产权资助管理办法（试行)	贵阳市市场监督管理局（市知识产权局)、贵阳市财政局	2022 – 04 – 24	2022 – 04 – 24

序号	政策名称	发文部门	发布日期	实施日期
8	贵阳市知识产权专项资金使用管理办法	贵阳市市场监督管理局（市知识产权局）、贵阳市财政局	2022 - 04 - 24	2022 - 04 - 24
9	贵州省知识产权高质量发展资助办法	贵州省市场监督管理局	2023 - 05 - 15	2023 - 05 - 15

7.4.1　集成电路布图设计重点政策解读

7.4.1.1　《贵州省知识产权创造运用促进资助办法》

该办法涉及的知识产权资助资金（以下简称"资助资金"）是指从省级财政安排的支持知识产权高质量创造及运用专项资金中，统筹用于支持专利、商标、地理标志、集成电路布图设计、植物新品种等知识产权的创造、运用促进的资金，资助资金管理按照《贵州省支持知识产权高质量创造及运用项目和专项资金管理办法》执行。一般资助范围包括集成电路布图设计授权，对集成电路布图设计专用权授权的，每件一次性资助 2000 元。

7.4.1.2　《贵州省知识产权质押融资入园惠企行动方案（2021— 2023 年)》

该方案提到创新知识产权金融产品。鼓励银行业金融机构创新金融产品，对企业专利权、商标专用权、著作权、集成电路布图设计专有权等各类知识产权进行打包质押，拓宽质押物范围，增强融资可获得性。

7.4.1.3　《贵州省知识产权对外转让审查细则（试行)》

该细则主要是规范贵州省知识产权对外转让审查工作，涉及集成电路布图设计专有权对外转让的，由贵州省知识产权主管部门负责审查；提出了针对集成电路布图转让审查内容：知识产权对外转让对我国国家安全的影响；知识产权对外转让对我国重要领域核心关键技术创新发展能力的影响。

7.4.1.4 《贵阳市知识产权资助管理办法（试行）》

该办法的一般资助中，重点对集成电路布图设计、植物新品种、地理标志等知识产权的授权、登记（注册）进行资助。明确对集成电路布图设计的资助，经国家知识产权局登记后每件资助 3000 元。

7.4.2 小 结

从贵州省出台的集成电路布图设计相关政策来看，政策主要涉及集成电路布图设计创造的资助和运用转让及质押。资助方面，例如《贵州省知识产权高质量发展资助办法》《贵州省知识产权创造运用促进资助办法》《贵州省支持知识产权高质量创造及运用项目和专项资金管理办法》；《贵阳市知识产权专项资金使用管理办法》《贵阳市知识产权资助管理办法（试行）》等文件，均对集成电路布图设计登记进行资助，鼓励集成电路布图设计创造。针对集成电路布图设计的质押也有一定的政策支持，例如《贵州省知识产权质押融资入园惠企行动方案（2021—2023 年）》鼓励进行知识产权质押，《贵州省知识产权对外转让审查细则（试行）》等文件则就对外转让的内容也作出一定约定。

7.5 数字经济与知识产权政策研究

在数字经济与知识产权政策方面，检索到贵州省数字经济有 5 件相关政策，具体如表 7 - 5 - 1 所示。

表 7 - 5 - 1 贵州省数字经济与知识产权相关政策

序号	政策名称	发文部门	发布日期	实施日期
1	贵州省"十四五"数字经济发展规划	贵州省大数据发展领导小组办公室	2021 - 12 - 29	2021 - 12 - 29
2	六盘水市"十四五"数字经济发展规划	六盘水市工业和信息化局	2022 - 02 - 23	2022 - 02 - 23
3	黔南州"十四五"数字经济发展规划（2021—2025 年）	黔南布依族苗族自治州大数据发展领导小组办公室	2022 - 04 - 29	2022 - 04 - 29

序号	政策名称	发文部门	发布日期	实施日期
4	贵阳市"十四五"数字经济发展专项规划（2021—2025 年）	贵阳市大数据发展管理局	2022 - 09 - 01	2022 - 09 - 01
5	贵州省建设数字经济发展创新区 2023 年工作要点	贵州省大数据发展管理局	2023 - 02 - 17	2023 - 02 - 17

7.5.1　数字经济重点政策解读

7.5.1.1　《贵州省"十四五"数字经济发展规划》

该规划指出：在推进技术标准创新方面，发挥国家技术标准创新基地（贵州大数据）作用，持续推进数字领域国际、国家、地方、行业、团体标准的研制和推广应用，为数字经济高质量发展提供有力支撑。鼓励数字经济企业、机构积极参与数字技术领域标准创制和应用，增强贵州省大数据标准化创新服务能力。鼓励具备相应能力的社会组织和产业技术联盟，协调相关市场主体共同制定满足市场和创新发展需要的数字领域团体标准。鼓励数字经济企业制定具有自主知识产权及关键技术专利的企业标准。开展《数据管理能力成熟度评估模型》（DC-MM）、《贵州省大数据与实体经济深度融合实施指南》等推广。到 2025 年，构建形成贵州省数字经济高质量发展的标准化体系。

云服务产业发展工程主要为以华为云计算基地、腾讯云计算基地为主要抓手，完善云计算基础设施。同时将公有云、私有云、混合云数据等多种云服务模式融合，一起协同发展。在平台即服务（PaaS）领域，鼓励企业在平台基础软件、支撑软件等核心领域加强云技术的研发及开发，突破现有云技术，打造出一批具有自主知识产权的云操作系统、数据库等平台级产品。在软件即服务（SaaS）领域，鼓励有关企业充分发挥细分领域优势，提供国内领先深化体制机制创新：探索全国一体化大数据中心建设运营模式、公共数据资源开发利用模式等，推动大数据领域改革形成新成果。在 IaaS（基础设施即服务）领域，以华为云计算基地、腾讯云计算基地为抓手，完善云计算基础设施。对数据的流通及开发利用等方面进行立法探索，对数字经济持包容、开放、审慎的机制，推动经济数字化、规范化、绿色法治化发展。建立健全平台管理制度，加强对知识产权的保护，将过时或不符合当下行业发展的立法或各类行政资质、许可等进行优化，并健全共享经济、平台经济，支持平台企业的创新发展，最终增强其国际竞争力。

强化大数据安全服务能力：支持工业信息安全创新中心建设，推进贵阳大数据及网络安全示范试点城市建设，强化大数据及网络安全技术创新，增强大数据安全领域实力。以贵阳经开区大数据安全产业园为重点，培育涵盖大数据安全软硬件、系统测评认证、技术检测、风险评估和安全等级保护评测等领域的大数据安全产业，打造立足贵州、服务全国的大数据安全服务产业体系。鼓励科研院所、实验室、高校、企事业单位开展关键安全技术研发，加快形成一批具有自主知识产权的原创性成果。深化大数据安全保护"八大体系"建设，提升建设国家大数据安全靶场，打造基于数字孪生的大数据及网络安全靶场。办好贵阳大数据及网络安全精英对抗活动，建立常态化实战攻防演练机制，深入推进金融、能源、通信、公共安全等关键领域大数据安全攻防演练行动，拓展攻防演练"服务半径"，面向全国共享安全检测和预警防护能力，提供大数据安全服务。

优化营商环境：创新招商引资方式，瞄准产业链"强、补、延"关键环节开展招商工作，加强对重点项目和行业引领企业的支持和帮助，强化产业链招商。鼓励市场主体利用数据资产参与收益分配，建立健全数字经济知识产权服务体系，深化数据资源知识产权保护。科学传导政策及产业信息，做好企业开办、生产经营、销售流通等全流程服务，在税收征管、财税支持、金融服务、市场拓展等方面创新支持形式，强化支持力度。探索建立对数字经济发展更具弹性的审批监管制度，包容新模式新业态发展。

7.5.1.2 《贵州省建设数字经济发展创新区 2023 年工作要点》

该工作要点主要包括：提升政府数字化履职能力，推进经济运行领导驾驶舱建设。完善"互联网＋监管"平台，全面汇聚非涉密监管业务数据，实现部门协同、审管联动。加强智慧应急建设，打造应急资源"一张图"。加快生态环保数字化应用，推进生态产品电子交易。持续推进公共资源交易"全省一张网"、知识产权公共服务平台、法治贵州云等建设。深化互联网公安交管服务，加强全国 12123 互联网服务平台及 App 推广应用。优化完善跨部门大数据办案平台。加强"机关事务云"推广应用，打造机关事务管理"全省一张网"。推动贵州省大数据综合金融服务平台与全国融资信用服务平台互联互通，企业注册数达到 20 万户、授信金额达到 400 亿元。完成国土空间用途管制监管系统建设国家试点。打造 20 个以上数字治理典型应用。

7.5.1.3 《贵阳市"十四五"数字经济发展专项规划（2021—2025 年)》

该规划内容主要包括以下四点。

第一，发展信息服务产业：重点发展信息系统设计、系统集成、运行维护、数据服务、集成电路服务等业务。引进培育行业龙头企业，发展基于云计算、大数据分析的新型服务业务，开展无线移动通信集成电路、基带、射频多媒体芯片，数字电视音视频芯片及其应用方案的研发，面向前沿设计应用开发电子设计自动化（EDA）软件和关键知识产权（IP）核，为高端芯片研发提供技术支撑。支持华中科技大学贵州芯火集成电路研究中心开展集成电路核心支撑软件研发，积极布局用于数据中心和服务器等高端通用芯片技术研发。

第二，发展国产数据库产业：支持贵阳本土企业开展在融合型分布式数据库的技术研发，构建面向行业场景的数据模型与价值挖掘能力。积极推进易鲸捷数据库在贵阳各金融机构的核心交易系统试点应用，推动国产数据库产品向全国推广应用，加快推进可信数据库在政府、企业、关键基础设施领域的拓展应用，推进全国数据库自主安全可控发展。加快推动国产数据库标准制定，实现核心技术底层架构知识产权自主可控。

第三，加快数据流通与价值变现：改革重组贵阳大数据交易所，探索以数据可信流通与确权定价解决方案，加快构建包括数据、算力和算法等的新型要素流通体系。建设数据资源统一登记确权体系，分层分类对原始数据、脱敏化数据和模型化数据的权属界定和流转进行动态管理。探索成本分摊、利润分成、股权参股、知识产权共享等多元化利益分配机制。

第四，优化发展环境：建设统一开放、竞争有序的市场体系，实现市场准入畅通、开放有序、竞争充分、秩序规范。完善激励创新、包容审慎的市场监管体系，探索适用于新产业、新业态、新模式的监管措施。深化科技管理体制改革，加强分类指导，优化资源配置，有效促进科技创新和成果转化。加大试点示范，促进应用创新。加强知识产权保护，促进数字经济创新发展。

7.5.1.4 《黔南州"十四五"数字经济发展规划（2021—2025年)》

该规划在优化营商环境方面提出做好大数据企业开办、生产经营、销售流通等全流程服务，加大财税、金融服务、市场拓展等方面的支持和服务。探索适应平台经济等数字经济发展特点的审慎监管制度，加快新业态、新模式发展。完善知识产权保护措施，加强数据资源知识产权保护。完善信用平台功能，建立科学的信用评估体系，解决企业融资信息不对称问题。

7.5.2 小 结

从贵州省出台的数字经济与知识产权相关政策来看，数字经济与知识产权相关政策主要是来自政府出台的关于数字经济发展规划，明确数字经济应与知识产权融合发展，例如《贵州省"十四五"数字经济发展规划》《六盘水市"十四五"数字经济发展规划》《黔南州"十四五"数字经济发展规划（2021—2025年)》《贵阳市"十四五"数字经济发展专项规划（2021—2025年)》等。

7.6 试点省份数据知识产权保护举措研究

我国正在有序推进数据知识产权保护工作，除了北京市、上海市、江苏省、浙江省、福建省、山东省、广东省、深圳市等8个省（直辖市）已有数据知识产权试点，还新增天津市、河北省、山西省、安徽省、河南省、湖北省、湖南省、贵州省、陕西省等9个省（直辖市）共同作为新的数据知识产权试点地方。本节收集了全国数据知识产权保护工作有关典型信息，总结经验，为今后工作开展方向提供参考。

7.6.1 《中共中央 国务院关于构建数据基础制度更好发挥数据要素作用的意见》

2022年12月2日，《中共中央 国务院关于构建数据基础制度更好发挥数据要素作用的意见》发布。随着社会、经济的不断发展，数字经济成为推动新时代经济增长的重要动力之一，而虚拟的数据则是数字经济的重要生产要素，社会上的生产、生活、消费、物品流通、军事、政治、社会服务等均存在数据的储存、使用，在数据不断发展下，各行各业和社会治理模式也在发生相应的改革。因此，构建安全的数据基础制度直接影响着国家安全以及社会经济的发展。该意见主要提出了要建立保障权益并合规使用的数据产权的相关制度，故在建立数据基础制度体系方面具有里程碑意义。国家数据局于 2023 年 10 月正式揭牌，负责协调推进数据基础制度建设；统筹数据资源整合共享和开发利用；统筹推进数字中国、数字经济、数字社会规划和建设等工作。

建立保障权益、合规使用的数据产权制度。为了推动数据产权有序流通，建立相关的数据产权制度势在必行；除此之外，数据产权结构性分置将在国家数据分类分级保护制度下进行，一方面推动了数据市场化流通交易，另一方面建立健全了相关数据要素的保护制度，最终形成我国特色的数据产权制度体系。

探索数据产权结构性分置制度。不同数据来源不同，可根据公共数据、企业数据、个人数据等分级方式，从而分别界定出数据生产、数据流通以及数据使用过程中各方的合法权利。同时建立健全数据资源持有权、加工权、经营权的运营机制，推动非公数据采用"共同使用、共同受益"的模式，为数据价值的实现提供强有力的制度支撑和保障。

推进公共数据互联互通，强化数据之间的共享及开发，对公共主体在实施公共服务的过程中所产生的公共数据进行授权使用及管理。一方面保障数据的安全性，另一方面可以实现相关主体的数据共享。在保护个人隐私及数据安全的情况下，实现"原始数据不出域、数据可用不可见"的原则，可将公共数据提供给社会层面使用，同时对不影响公共安全及个人隐私安全等数据可加大使用范围。

推进建立企业数据的保护及授权使用机制。首先，企业在生产经营过程中会获得大量数据，在不影响个人利益以及公共利益的前提下，企业是可以合法使用相关数据且用于获得收益，从而能够保障企业通过数据的使用提升自身收益的权利，最终增强数据要素的供给；其次，企业规模不同，数据收集的情况也不相同，以国有企业、龙头企业为代表，增强与小微企业数据的双向供给，将相关数据公开或公平授权，促进小微企业向数字化企业的转型；最后，第三方服务机构与政府相关部门要完善数据的提取或采集工作，将数字化产品标准化，同时建立相应的质量评估体系，最终完善行业的发展。除此之外，政府部门可在法律法规的背景下，在不影响企业发展和利益的前提下可以查看或使用各类企业主体的数据。

建立健全个人信息数据确权授权机制。企业或市场主体不得强制或过度地收集个人信息，且要规范使用个人信息，同时由第三方或者受托方来对各类企业主体征集个人信息的行为进行监督管理，防止出现恶意使用他人信息的事件发生。对于其他涉及国家安全、国家机密的个人信息将可采取更严格的管控措施，在一定范围内可以合理使用。最后在重点行业将增强对个人信息的保护机制，推进个人信息匿名化处理，最终可保护信息使用过程中对个人的安全和个人隐私。

建立健全数据要素各参与方合法权益保护制度。主要保护数据来源者、数据处理者的合法权益，在数据通过各种形式被流通或者复制转移所产生的收益以及数据处理加工后，处理者可享有对相关处理后的数据进行管控的权益。

7.6.2 《北京市数据知识产权登记管理办法（试行）》

2023 年 5 月 30 日，北京市知识产权局、北京市经济和信息化局、北京市商务局、北京市人民检察院联合制定了《北京市数据知识产权登记管理办法（试行）》。该办法意在规范北京市行政辖区内数据知识产权登记行为，维护数据要素市场，以保证参与主体各方的合法权益，促进数据要素高效流通使用、释放数据要素潜能、支撑数字经济高质量发展。

《北京市数据知识产权登记管理办法（试行）》分为总则、登记内容、登记程序、管理监督、附则，共计 25 条。该办法明确了数据知识产权的登记对象、登记主体、登记程序等主要事项。据此，北京市知识产权局将建设北京市统一的数据知识产权登记平台，开展北京市行政区域内数据知识产权登记工作。对于数据知识产权相关管理部门，则鼓励推进登记证书促进数据创新开发、传播利用和价值实现，在行政执法、司法审判、法律监督中充分发挥登记证书证明效力，强化数据知识产权保护，切实保护数据处理者的合法权益。

该办法第 2 条规定，数据知识产权的登记对象，即指数据处理者或持有者根据法规或合同约定收集数据并经一定算法或规则处理后，含有智力成果属性以及商业价值，且目前处于未公开状态的数据集合。

第 3 条规定，数据知识产权登记应遵循以下原则：把握数据要素基本属性及数据发展规律；依法合规、安全高效、公开透明、诚实信用、自愿登记、促进流通；确保国家安全、商业秘密、个人隐私不受侵犯。

第 4 条规定，由北京市知识产权局对本市行政区域内的数据知识产权进行登记及统筹管理工作，建设全市统一的数据知识产权登记平台，此外由北京市知识产权保护中心具体承办数据知识产权登记工作。

第 5 条规定，由相应主管部门指定的登记机构对申请人的登记申请表及必要证明文件进行审核，其中登记申请表主要包括：①登记对象名称。格式统一为数据集合名称。②所属行业。对照国民经济行业分类，说明数据其所属具体行业。③应用场景。说明数据适用的范围、条件、对象，能够清晰反映其应用能解决的主要问题。④数据来源及数据集合形成时间。即说明数据来源并提供合法获取的相关证明。⑤结构规模。说明数据结构（数据字段名称及格式）、规模、记录条数等信息。⑥更新频次。说明全部或部分数据，部分数据单元的更新频率、更新期限。⑦算法规则。简要说明数据处理过程中算法模型构建等情况。如若涉及个人或公共数据等敏感信息的，还应对涉及部分的数据进行必要的匿名化、去标识化等情况进行详细说明，确保其不可通过算法或可逆模型还原出原始数据。⑧存证公证情况。⑨样例数据。⑩登记对象状态等其他需要说明的情况。

7.6.3 《北京市企业数据知识产权工作指引（试行）》

为贯彻落实《中共中央　国务院关于构建数据基础制度更好发挥数据要素作用的意见》《知识产权强国建设纲要（2021—2035 年）》《"十四五"国家知识产权保护和运用规划》等有关构建数据知识产权保护规则、实施数据知识产权保护工程等工作部署，进一步推动企业数据知识产权工作，支撑全球数字经济标杆城市建设，北京市知识产权局、北京市经济和信息化局、北京市人民检察院联合编制了《北京市企业数据知识产权工作指引（试行）》。

《北京市企业数据知识产权工作指引（试行）》涉及数据知识产权创造、数据知识产权运用、数据知识产权管理、数据知识产权保护、涉外数据知识产权等章节，立体化覆盖了企业数据知识产权工作的各流程、各环节，以便引导企业全方位规范数据知识产权工作，促进数字经济高质量发展。

在数据知识产权创造方面，要求企业通过北京市统一的数据知识产权登记平台进行数据资产登记、注销、变更登记等。同时为促进数据知识产权形成数据资产，尤其发挥北京国际大数据交易所设立的北京社会数据资产登记中心的作用，明确了北京国际大数据交易所在规范数据知识产权中扮演重要角色，鼓励企业在其上进行数据资产登记。此外，该部分还提倡企业提高数据产品服务供给能力，增进数据知识产权价值，培育知识产权核心竞争力。

在数据知识产权运用方面，鼓励龙头企业、平台企业在数据知识产权运用和数据要素流通使用方面积极示范，探索大中小微企业双向公平授权模式，乃至构建全社会开放共享的数据创新生态。并通过北京国际大数据交易所等交易平台进行数据知识产权交易，将数据知识产权不仅应用于经济领域，更在数据合规审查、资产定价、标准合约、争议仲裁、场景落地、交易追溯及监管等领域发挥数据知识产权的积极作用。此外，企业在数据知识产权运用上的积极参与还将促进该领域国际、国家、地方、行业标准的诞生。

在数据知识产权管理方面，针对企业提出具体的要求，包括企业应构建覆盖数据全生命周期的数据管理体系，增强数据管理能力，支撑数据知识产权工作；结合数据运营管理需求，健全企业数据知识产权管理，把数据知识产权合规纳入数据合规和知识产权合规绩效评价体系中。

在数据知识产权保护方面，鼓励企业定期分析经营产品、软硬件设施及业务流程中可能涉及他人数据知识产权的情况，同时避免违法违规及不正当竞争行为，包括但不限于通过窃取或者其他非法方式获取数据，数据滥采滥用、不当使用及其他不当数据处理，利用算法、平台或其他规则手段排除、限制竞争，数据垄断、数据霸权，以及其他涉数据不正当竞争，非法数据交易或非法数据知识产权交易等。此外，企业也需加强自身数据知识产权保护，预先会同有关部门，针对采购、研发、生产、营销以及技术转让（许可）与合作、数据交易、委托加工、进出口贸易、资产评估、投资并购、上市等环节中可能涉及的数据知识产权风险制定合理的保护举措。

在涉外数据知识产权方面，提醒企业在开展国际数字贸易和跨境数据流动业务时及时关注目标市场的数据保护与知识产权执法、司法环境变化，了解目标国家或地区的数据政策与行业知识产权状况，积极构建数据知识产权的海外风险预警和纠纷解决机制，增强企业数据知识产权竞争力。

该工作指引第 1 条规定，为规范企业数据知识产权工作，依法依规保护数据持有者、处理者等的合法权益，引导企业提高数据知识产权创造、运用、管理和保护能力，实现数据有效运用和安全流通，推动释放数据要素价值潜能，促进数字经济高质量发展，依据知识产权和数据保护有关法律法规及政策文件规定，结合本市数据知识产权试点工作需要和企业实际情况，制定本指引。

第 2 条规定，数据知识产权是指数据持有者或数据处理者对其依法依规收集或者按照合同约定获得，经过一定规则（通常是算法）处理、具有实用价值及智力成果属性的数据集合所享有的权益。数据知识产权的权益主体可依据有关法律法规规定禁止他人采取不正当手段获取、使用、披露、许可他人使用受保护的数据集合。数据知识产权可以成为企业重要的数据资产。

第 3 条规定，本指引适用于本市各类企业的数据知识产权工作，包括但不限于企业的数据知识产权创造、登记、保护、运用和管理等活动。

本市相关企业（主要指数据资源持有企业、数据加工使用企业、数据产品经营企业等）可积极参照本指引开展数据知识产权工作。

第 4 条规定，企业应充分认识数据的战略价值，按照依法合规、安全可信、平等自愿、公平竞争的原则，结合自身数据特点和发展实际，组织开展数据知识产权工作。

企业应增强数据知识产权战略意识，将数据知识产权纳入企业整体战略和发展规划；企业可根据自身经营发展战略、所处发展阶段和外部环境，制定实施符合实际的数据知识产权战略。

第 5 条规定，企业的数据知识产权工作应坚守安全底线，切实保护数据安全、知识产权和个人信息，有效防范与化解合规风险，确保国家安全、商业秘密和个人隐私不受侵犯。

7.6.4　《长三角地区数据知识产权保护合作协议》

为了进一步构建常态化数据知识产权保护，加强对长三角地区知识产权建设纲要、规划的组织实施和协同推进，江苏省、浙江省、上海市和安徽省的知识产权局于 2022 年 9 月 26 日在上海市举行"2022 长江三角地区知识产权更高质量一体化发展论坛"，共同签署《长江三角地区数据知识产权保护合作协议》。

协议指出，江苏省、浙江省、上海市、安徽省是我国长三角地区最重要的经济聚集地，电子产业化发展进一步优化了地区的经济结构，在创新发展领域，江苏省、浙江省、上海市、安徽省将重点放在合作培育跨区域跨专业的高价值复合型专利组合，通过组建相关专利技术培育发展机构和依托各类国家级产业园、科技园等技术集中的优势，最终推动长三角地区知识产权交易、资源管理、联动发展的平台。加强并建立相关知识产权保护机制和实施方案，为知识产权创新保驾护航。推进长三角地区相关行政事务简易程序，做好相关咨询客服工作，建立健全知识产权信息公共服务平台。同时完善数据要素市场，推动地区数字经济板块发展，共同搭建长三角地区知识产权大数据中心，在做好各方权益保护的前提下，将市场上的知识产权集中化，并实现共享和公开，最终推动地区经济共同发展。

7.6.5 《关于推进数据知识产权分类分级保护工作的通知》

2023 年 11 月，江苏省印发《关于推进数据知识产权分类分级保护工作的通知》，探索开展数据知识产权分类分级保护，持续深化数据知识产权地方试点工作。

该通知在完善数据知识产权分类分级保护机制、开展数据知识产权登记实践、探索数据知识产权运用、构建协同保护工作格局四个主要方面，制定了推动制度构建、丰富应用场景、制定标准规范等 11 项具体举措，持续推动数据知识产权标准化、规范化建设，为数据知识产权试点工作再添新助力。

7.6.6 《浙江省知识产权保护和促进条例》

浙江省是全国率先将数据知识产权保护运用写入地方法律法规的省份。2022 年 9 月，浙江省出台了《浙江省知识产权保护和促进条例》，明确指示了对相关数据知识产权的保护及运用制度。

该条例第 16 条规定，浙江省知识产权主管部门应当会同省有关部门依法对经过一定算法加工、具有实用价值和智力成果属性的数据进行保护，探索建立数据相关知识产权保护和运用制度。

浙江省知识产权主管部门应当会同省司法行政部门建立公共存证登记平台，运用区块链等技术对符合前款规定条件的数据提供登记服务。公共存证登记平台出具的登记文件，可以作为相应数据持有的初步证明。

7.6.7 《关于打造"知识产权司法保护示范地"服务保障数字经济创新提质"一号发展工程"的实施意见》

为加强数字经济领域知识产权司法保护工作，加快打造"知识产权司法保护示范地"，2023 年 11 月，浙江省高级人民法院发布《关于打造"知识产权司法保护示范地"服务保障数字经济创新提质"一号发展工程"的实施意见》，为浙江省实施数字经济创新提质"一号发展工程"提供有力司法服务和保障。

（1）加强数字技术成果保护。聚焦"315"科技创新体系建设工程，围绕"卡脖子"核心技术创新，加大对云计算、物联网、区块链、人工智能、5G 移动通信技术、高端芯片等战略性前瞻性领域数字技术成果的司法保护，严格落实集成电路和计算机软件保护制度，研究完善开源知识产权司法保护规则，加快推进高水平科技自立自强。结合数字产业的特点，准确界定权利要求保护范围，实现专利权保护范围与创新程度、创造性贡献相适应。审慎应对数字经济领域标准必要专利纠纷，完善禁诉令制度的裁判规则，维护我国司法主权和国家安全。妥善处理因技术成果权属认定、权利转让、价值确定和利益分配产生的纠纷，准确界定职务发明与非职务发明的法律界限，充分保障职务发明人获得奖励和报酬的合法权益。

（2）加强数字商业秘密保护。根据法律规定的秘密性、价值性和保密性要件，依法保护企业技术和经营数据信息、数据库系统、算法等数字商业秘密，准确界定商业秘密的内容和保密措施的合理性，合理把握保护数据商业秘密和促进数据流通、利用的关系。加强离职员工侵害商业秘密案件审理工作，妥善处理保护商业秘密与自由择业、涉密者竞业限制和人才合理流动的关系，依法严惩不诚信行为。针对商业秘密纠纷案件举证难、密点确定难等特点，合理确定当事人的举证责任，有效遏制侵害商业秘密行为。

（3）加强数字经济领域商业标识保护。把握数字经济领域品牌发展特点，加大对知名品牌的保护力度，依法在个案中认定驰名商标，提升品牌国际影响力。合理界定商标权权利边界与保护范围，准确判断被诉侵权标识对应的商品或服务类别。严厉打击数字经济领域假冒、仿冒他人商业标识的行为，对故意、严重侵权行为依法适用惩罚性赔偿，对民事、行政案件中发现的犯罪线索，依法移送启动刑事追诉程序。

（4）加强数字文化成果保护。严格保护网络文学艺术作品著作权，严厉打击网络盗版行为，探索符合网络游戏、人工智能生成物等新类型文娱产品特点的法律保护模式，保障文化数字化战略实施。准确把握作品认定的标准，通过典型案例明晰体育赛事画面、短视频、表情包等文化成果的独创性判断标准。根据著作权法规定的合理使用情形及"三步检验法"，判断二次创作者是否构成对在先作品的合理使用，促进文化创新和作品传播。合理界定算法推荐技术广泛应用大背景下，短视频作品传播中的平台注意义务和侵权责任。

（5）加强数字藏品知识产权保护研究。依法妥善处理基于区块链技术的非同质化通证（NFT）交易模式下产生的新型涉数字藏品知识产权侵权纠纷及相关合同纠纷。坚持发展与规范并重，发挥司法裁判的指引功能，合理定性新型涉数字藏品知识产权侵权行为，压实数字藏品交易平台主体责任，防范涉数字藏品交易过程中的知识产权侵权风险。在明晰数字藏品作为虚拟财产法律属性的同时，划清数字藏品合法交易的行为边界，平衡市场交易风险、金融风险与各类民事主体合法权益之间的关系，引导市场主体合法合规经营，促进数字藏品交易市场健康有序发展。

（6）规制互联网不正当竞争行为。依法规制网络虚假宣传、商业诋毁行为，划清网络商业言论自由的边界，有效遏制"刷单""炒信"等不诚信竞争行为。准确适用反不正当竞争法"互联网专条"审理利用技术手段妨碍、破坏他人网络产品正常运行的行为，正确理解"技术中立"原则，既要有利于促进科技和商业创新，又要防止以技术中立为名行侵权之实。严格把握反不正当竞争法一般规定的适用条件，结合网络经济特点，从是否违背相关领域商业道德，是否损害其他经营者、消费者和社会公共利益等多元利益角度，综合判断行为是否具有不正当性，妥善处理好促进技术创新与维护竞争秩序、保护竞争者利益与改善消费者福利的关系。

（7）促进数据合规高效利用。根据数据的不同类型，积极探索商业数据权益的有效保护路径，促进公共数据的开发和利用。妥善处理涉数据侵权及合同纠纷，在激活数据要素价值的同时，关注数据安全和个人信息的保护，平衡数据主体、数据处理者、数据利用者的利益，平衡激励与利用、保护与共享、创新与安全的关系。依法规制不正当抓取和使用他人数据的行为，厘清涉数据不正当竞争行为与非法获取计算机系统数据罪的界限。

（8）规制数字经济领域垄断行为。加强对数字经济领域垄断行为的司法规制，准确定性利用数据、算法、平台规则等对其他经营者不当设置竞争障碍的行为，维护统一开放、竞争有序的数字经济市场环境。根据反垄断法及相关司法解释，结合数字经济、平台经济的特点，准确认定经营者是否具有市场支配地位。强化反垄断法的效果思维，全面考虑各种相关因素，综合评估涉嫌垄断行为的反竞争和促进竞争的效果，依法认定垄断行为，科学评估垄断行为造成的损害赔偿数额。

（9）构建平台知识产权协同治理体系。遵循"权责一致"原则，既要明晰平台经营者的行为边界，合理界定其知识产权法律责任，又要赋予其一定的自治权限，推动形成有关部门、行业组织、经营者、消费者等共同参与的平台协同治理体系。根据不同类型知识产权、不同性质网络服务和不同阶段数字技术发展情况，持续完善"通知 - 删除"规则，确定平台经营者合理注意义务边界，平衡知识产权权利人、经营者、消费者利益。强化平台纠纷诉源治理，引导平台经营者前移治理端口，构建"平台治理在先、诉前调解居中、专业调解辅助、法院诉讼断后"的"漏斗式"纠纷过滤体系。

（10）探索算法规制合理路径。密切关注与算法推荐、算法共谋、算法歧视、算法黑箱等相关的知识产权与竞争法问题，加大对算法规制问题的调研力度，积极探索算法规制的有效途径，促进算法运用向善发展。妥善审理涉算法知识产权侵权及不正当竞争、垄断纠纷，合理分配举证责任，通过司法裁判引导算法的研发使用者遵循公平、公正、透明的原则，遵守商业道德和科学伦理，实现对算法模型的有效规制和及时纠偏。

（11）规制权利滥用行为。妥善处理加强保护与防止滥用的关系，加强对恶意提起知识产权诉讼、滥用平台规则恶意通知、申请知识产权临时措施错误等类型案件的审理，加大对恶意行为人的惩戒力度。不断丰富诚实信用原则在商标侵权案件中的适用场景，有效遏制恶意抢注、囤积、使用商标的行为。通过"版权 AI 智审"应用等数字化手段，规制作品虚假登记和权利滥用现象，加大虚假诉讼打击力度，坚决防止知识产权过度保护成为创新深化的新阻碍。开展知识产权批量维权案件诉源治理专项行动，引导权利人起诉侵权源头的行为人。

（12）完善知识产权证据规则。根据数字经济知识产权案件的特点，结合当事人举证的难易程度，合理分配和转移举证责任，灵活运用举证妨碍推定、文书提供命令、律师调查令等证据规则，着力解决数字经济领域"举证难"问题。完善电子证据审查认定标准，引导当事人运用哈希值、区块链等技术手段获取、固定、保存证据。

（13）健全技术事实查明机制。不断健全以技术调查官制度为基础，技术咨询专家、技术鉴定人员、专业型人民陪审员和专家辅助人参与诉讼的多元技术事实查明机制，完善技术人员出庭、就专业问题提出意见并接受询问的程序，增强涉及新业态数字技术事实认定的中立性、客观性和科学性。加强与浙江省科技厅、浙江省科协等部门的人才合作交流，有针对性地选任人工智能、计算机、网络通信等领域的专业技术人员，充实浙江省知识产权审判技术专家库。

（14）推进全域数字法院改革。深化知识产权审判领域数字化改革，研发推广包括"协同保护""云上物证室""版权 AI 智审""凤凰涉网知识产权智审""专家智审"等多项子应用在内的"法护知产"集成应用，全面构建以知识产权全链条智能化审判为纵向技术创新，以多场景跨部门知识产权协同保护为横向制度创新的知识产权数字化治理体系。完善知识产权纠纷诉调对接机制，在总结线下多元解纷平台建设经验的基础上，积极推广运用在线多元解纷平台，让知识产权纠纷在"云"端化解。

（15）构建知识产权协同保护格局。充分发挥知识产权民事、刑事、行政"三合一"审判机制功效，依法惩治数字经济领域知识产权犯罪行为，提升数字经济知识产权司法保护整体效能。健全知识产权行政保护与司法保护衔接机制，加强与市场监管、版权、海关等行政主管部门的沟通协调，推动实现部门间数据信息共享，全面提升知识产权协同保护水平。全面落实与浙江省市场监管局签署的《合力打造知识产权强国建设先行省备忘录》，完善知识产权领域失信联合惩戒机制。激活司法建议机制，积极向党政机关、企事业单位发送司法建议，有效规范数字市场主体经营活动，促进数字产业健康发展。

（16）加强组织领导。将数字经济知识产权保护纳入浙江省各级法院全面加强知识产权司法保护重点工作谋划部署、有序推进，各级法院严格落实数字经济司法保护工作主体责任，加强跨部门协同推进，健全上下级法院之间常态化交流机制，总结提炼涉数字经济知识产权保护工作经验，加大数字经济知识产权保护典型案例宣传，细化完善服务保障措施，确保各项工作任务扎实推进、取得效果。

第 8 章 贵州省数字经济知识产权保护
存在的问题及 SWOT 分析

本章在对当前数字经济发展过程中知识产权保护现状进行总结的基础上，结合对知识产权保护典型案例的收集与分析，总结当前知识产权保护工作的开展情况及经验，为后续产业面临的知识产权保护问题的总结及构建知识产权与数字经济发展战略协同模式提供参考。

8.1 贵州省数字经济知识产权形势

当前，我国数字经济已经取得了不俗的成就，云计算、大数据、物联网等信息技术支撑了数字经济的发展。数字经济不同于农业经济和工业经济，它以体现为数据的知识和信息为关键生产要素，以现代信息网络为主要载体，以信息通信技术融合应用为重要推动力，促进了人工智能、虚拟现实、元宇宙、工业互联网、智慧医疗、短视频、内容直播等新业态新模式的产生和成长，呈现出更加明显的知识技术密集型特征，对加强知识产权保护提出更高要求，也使知识产权保护的固有模式和观念面临挑战。数字技术与传统行业深度融合，出现新类型权利客体，例如，人工智能生成物、数字化产品（NFT 艺术品）等，对现有知识产权保护客体范围提出挑战；数字化技术的广泛应用在催生新业态新模式的同时，也为知识产权侵权行为多样化打开了"方便之门"，例如盗取抄袭店面设计、流量劫持、深度链接等新型互联网不正当竞争行为增多，对知识产权执法和司法能力提出更高要求。当前的知识产权法律体系对保护数据的权益方面还可以进行有效的优化。如何界定数据的所有权、使用权？如何保护数据主体的隐私和权益？如何防止数据的滥用和侵权行为？这些都是需要进一步探讨的问题。

8.1.1　数字经济知识产权保护面临的挑战

创新是引领世界发展的重要动力，保护知识产权就是保护创新。21 世纪进入数字经济时代，各个发达国家及发展中国家对于知识产权的保护尤其是司法保护比之前需求日渐迫切和强烈。我国作为最活跃的数字经济体和最庞大的单一市场之一，对于知识产权的司法审判，我国各级人民法院也正面临这一波数字经济时代带来的严峻考验，如此以应对全球复杂多变的形势。将知识产权与反垄断司法职能归于一体的指导方法，既能规制非法垄断，又能保护合法垄断，此种"一手托两边"的司法工作机制，长此以往能够使公平竞争保护与知识产权保护达到有效的动态平衡，也分清了两者的轻重与界限。

数字经济时代，一方面新业态、新技术以惊人的发展速度使得知识产权保护的新问题和需求日益增长，另一方面是如今的市场竞争秩序随时都在变化，甚至面临颠覆性重构。因此，相对于知识产权保护而言，对于现行环境下数字经济时代的公平竞争保护，更需要引起足够的重视。

数字经济知识产权案件总体呈现出案件持续增长并保持高位；涉新领域、新业态占比较大；高额诉讼请求增多，损害赔偿额逐年提升的特点。主要体现为加强司法保护力度优化数字市场环境、把握司法裁判尺度规范数字竞争秩序、提升司法裁判精度划清主体权利边界、注重司法审理温度实现社会公共福祉的理念。数字经济全面发展，知识产权制度对数字经济的保护尤为重要，在数字技术不断更新迭代的当下，如何专业、高效地解决高新技术知识产权纠纷便是知识产权制度改革的重要内容。

数字技术为创新驱动注入全新活力，新客体、新业态和新商业模式不断涌现，也催生出各类新类型诉讼纠纷。当前，在发生知识产权纠纷时，首选往往还是通过诉讼解决问题，但化解知识产权纠纷的方式是多元化的，如何引导当事人选择适当的争议解决方式，缓解法院压力，是一个亟待解决的问题。建立知识产权纠纷多元化解机制，形成知识产权"大保护"格局迫在眉睫。

8.1.2　数字经济知识产权争议方向

数字经济发展过程中的知识产权保护问题也被业内广泛关注讨论。2023 年，陕西省高级人民法院副院长巩富文提出了有关数字经济安全可持续发展的建议，建议构建服务数字经济健康发展的司法保障制度，其中，促进数字经济与知识产权司法保护协调发展是重点之一。当前我国数字经济已经取得了不俗的成就，但在数字技术创新发展的过程中，也面临着数字经济的普惠性、公平性和安全性如何实现等现实问题，受到社会广泛关注，亟须司法发挥应有的职能作用。数字经济需要通过司法保护维护数字正义、数字权益和数字安全。❶ 巩富文介绍，在不少个案中，他看到伴随数字经济发展而产生的数字鸿沟、隐私问题、知识产权权利等问题较为突出。巩富文指出，数字经济科技创新具有更新快、迭代升级迅速等特点，对于经济社会发展产生了技术、伦理和价值的多重冲击。同时，由于数据拥有能够跨境流动的特点，侵权行为涉及面广、隐蔽性强，给法律完善和司法实践都提出了新的挑战。数字经济发展所衍生的问题也是法律研究更多关注的方向，即让数字经济在法律原则的指引下健康均衡发展。巩富文建议，在支持信息数据为基础的数字经济发展的同时，应当加强知识产权对数字经济体系的司法保护，在遏制行业不正当竞争的同时，对部分超级平台进行一定的约束管控，保持各类平台的创新活力，最终推动整个行业共同发展。❷

2023 年，厦门大学经济学院教授潘越提出了一份关于加速推进数字经济知识产权保护的建议。潘越介绍，我国现有知识产权单行法未对数据确权、数据使用等关键问题进行相应规定，也未对数据保护客体和侵权行为进行明确界定。❸ 因此，权利人在遭遇数据侵权时，通常面临法律适用难题。在司法实践中，数字经济相关的知识产权案件审理存在案件增长快、专业门槛高等客观问题。潘越认为，数字经济领域的知识产权侵权行为隐蔽性较强、争议事实纷繁复杂，对司法审判能力提出更高要求，需要法官团队对行业现状和技术发展有深入了解，才能更快更好地为经营主体提供强有力的知识产权保护。❹

2023 年，在由中国国际经济贸易仲裁委员会主办的有关知识产权争议解决论坛上，王承杰提出："未来已来，与其被动地被时代裹挟前行，不如主动拥抱时代，积极探索求变"。❺ 未来已来，代表着数字经济新兴技术的发展，伴随着

❶❷ 杨柳. 巩富文：加强数字经济知识产权保护［EB/OL］. (2023 – 03 – 16)［2023 – 04 – 15］. https：//finance. sina. com. cn/jjxw/2023 – 03 – 16/doc – imykzwvx4603966. shtml.

❸❹ 林晓丽. 潘越代表：加快数字领域的知识产权立法 推广技术调查官制度［EB/OL］. (2023 – 03 – 13)［2023 – 04 – 15］. https：//baijiahao. baidu. com/s?id = 1760211619303436948&wfr = spider&for = pc.

❺ 张维. 应对数字经济新挑战 贸仲委探索提升知识产权仲裁服务专业化水平［EB/OL］. (2023 – 04 – 26)［2024 – 04 – 15］. https：//new. qq. com/rain/a/20230426A00V0400.

数字经济的壮大，日益显现的法律争端、新兴领域之间的矛盾也不断被激化，而对于相关争议的解决方式主要为仲裁。此外，王承杰还提出，要想数字经济能够高效长期地可持续发展，必然离不开知识产权的制度保护，虽说能够对数字经济起到保驾护航的作用，但同时也会迎来一些未知的挑战。新模式、新行业的快速发展，为社会经济增加了许多新机遇，同时也会带来许多新风险、新隐患。❶ 数字化环境下的生产资料不仅是传统意义上的物理生产资料，而且有许多虚拟化生产资料，诸如用户数据、数据分析等。新兴技术推动社会经济快速发展的同时，数字化侵权案件也变得错综复杂，并且侵权实施行为显得更加隐蔽，对部分固定证据的收集变得更加困难。因此，针对新兴技术的侵权事件处理，也需要更多相关专业人才。

8.2　贵州省数字经济知识产权 SWOT 分析

本节主要基于前述分析，对贵州省数字经济发展中知识产权创造、运用、保护存在的问题，以及面对产业融合发展需求存在的不一致进行分析，并利用 SWOT 分析方法，探索贵州省数字经济的优势、劣势、机会与威胁，为后续知识产权与数字经济发展协同促进建议的形成提供参考。

8.2.1　知识产权创造存在的问题

8.2.1.1　知识产权竞争实力有待增强

知识产权在数字化时代成为前沿技术创新的关键驱动力之一，数字技术相关前沿技术触及了各种类型的知识产权，数字技术与知识产权是融合共生、彼此互相护航的。目前，"东数西算""数字安全""互联网 3.0""元宇宙"等数字前沿领域的核心技术，朝着产业化落地的方向不断前进。推动数字经济创新发展，当务之急是用知识产权赋能数字经济，用知识产权为数字经济腾飞插上"翅

---

❶　张维. 应对数字经济新挑战 贸仲委探索提升知识产权仲裁服务专业化水平［EB/OL］.（2023 – 04 – 26）［2024 – 04 – 15］. https：//new. qq. com/rain/a/20230426A00V0400.

膀"，乘"数"前行，不断解锁数字新技术、推动数字创新，可见对于数字经济领域来说，关键技术创新能力的提升，技术实力的提升对数字经济下的制造业转型十分重要。在数字经济发展过程中，贵州省虽已产出一定量的专利、商标、计算机软件著作权、集成电路布图设计，但存量较少，且聚焦在矿产、轻工、新材料、航天航空等产业，虽已在生产过程中采用智能化、数字化技术，但未形成自主知识产权，多为外部单位委托研发的技术，作为中国数字经济发展的创新区，贵州省知识产权创造能力尚有待提升，企业知识产权竞争实力有待增强。

数字经济等新兴技术领域蓬勃发展，相关领域的自主知识产权创造和储备正在不断增加。但在贵州省已获得的知识产权中，部分因维持工作开展不理想而失效。知识产权的创造需要耗费大量的人力、物力和财力，在获得权利之后，如不注重知识产权维持工作，将失去权利，相关技术也会失去保护，可能发生本应属于自己的知识产权被侵犯却无能为力的情况，给企业带来损失且影响数字经济领域知识产权实力的提升。

8.2.1.2　区域创新能力有待提升

数字经济是建立在传统经济基础之上的经济形态，是将传统经济的信息化、数字化、智能化等生产力进行全面升级的转型。当高利润率的传统产业在数字化建设过程中进行产业融合升级时，必定会带来大量的数字化创新创造，且为了维持数字化转型，不可避免地会持续进行创新创造，从而满足日益增长的发展需求。贵州省的知识产权主要集中在省会贵阳市，其他地级市由于地域及经济规模等因素的限制导致知识产权发展不平衡。知识产权作为地区产业发展的主要动力之一，直接关系区域自身的核心竞争力，贵州省应当着重提升地区级创新创业能力，促进地区知识产权积累，最终实现以贵阳市带动地区共同发展的态势。

8.2.1.3　缺乏具有市场引领作用的本土创新主体

当前处于数字经济加速发展期，促进了中小企业的涌现和大企业的成长，在此过程中，拥抱数字经济、推动数字化转型已经成为制造型企业提升综合竞争力、实现高质量发展的必然选择。地方经济的发展离不开企业，企业的发展离不开知识产权的支撑，贵州省不断提升企业创新地位，多举措激发科技创新活力，但纵观贵州省数字经济相关知识产权拥有者及其知识产权拥有量发现，具有较强技术实力的企业，例如华为云计算技术有限公司大量专利均为总公司转入，而非本公司自主创新形成，可见贵州省尚缺乏具有市场引领作用的本土创新主体。

8.2.1.4　数字经济基础研发人才创造能力待激发

硬实力、软实力，归根到底要靠人才实力，人是科技创新最关键的因素，创新的事业呼唤创新的人才，培养数字经济创新型人才就显得尤为重要。拥有一流创新人才，就能在科技创新中占据优势。着眼贵州省数字经济发展，通过知识产权创造数据收集来看，贵州省知识产权创造存量不足，龙头企业与大型平台缺乏，归根结底还是数字经济领域人才总体规模较小、知识产权人才还存在较大缺口，尤其是高层次领军人才、跨行业复合型人才以及高技能人才短缺，总体来说，贵州省数字经济基础研发人才创造能力尚待激发。

8.2.2　知识产权创造 SWOT 分析

2022 年，《国务院关于支持贵州在新时代西部大开发上闯新路的意见》发布，贵州省着力在数字产业化、产业数字化、数字设施、数字化治理、要素保障等方面抢新机，千方百计推动数字经济发展创新。从内部因素来看，贵州省在大数据产业方面投入了大量资金和资源，积极推进大数据技术在各行各业的应用和发展。这为贵州省的数字经济发展提供了强有力的技术支撑和数据支持，为知识产权创造提供了广阔的空间和机遇。贵州省积极发展新兴产业，例如云计算、人工智能、物联网等，这些产业的发展不仅促进了数字经济的快速发展，而且为知识产权创造提供了新的领域和机遇。同时，贵州省政府出台了一系列政策措施并提供资金支持，为数字经济和知识产权创造提供了强有力的支持。贵州省拥有众多优秀的高校和科研院所，这些高校和科研院所的人才储备和科研实力可为知识产权创造提供了人才支持和技术保障。因此，贵州省在数字经济发展中的知识产权创造优势主要来自大数据产业的发展、新兴产业的集聚、知识产权创造活跃、政府的支持和人才储备等。这些因素共同推动贵州省数字经济和知识产权创造的快速发展。但在数字经济发展过程中，贵州省由于科技创新水平相对较低，企业创新能力不足，导致知识产权创造的数量相对较低，专利布局力度较弱。同时，缺乏具有技术实力的创新主体，缺少新兴技术相关高端人才也是影响贵州省知识产权创造的重要因素，是贵州省当前存在的劣势。

从外部发展环境来看，全球数字经济的快速发展为贵州省数字经济和知识产权创造提供了广阔的市场和合作机会，贵州省可以借鉴和吸收国际先进的经验和技术，为自身数字经济和知识产权创造提供外部机会。国家重视知识产权对数字经济的作用，强调新技术的研发与知识产权布局仍是我国数字经济发展中的重要一环，要支持数字技术开源社区等创新联合体发展，完善开源知识产权和法律体系，除了开源，在人工智能、大数据、区块链、元宇宙不断发展的 Web 3.0 时代，一些新技术都需要人们不断加大知识产权的创造。知识是兴国之器，产权是市场经济之基，有效解决知识产权领域的矛盾纠纷，对于优化营商环境、激励创新创造具有重要的意义，这也是贵州省知识产权创造的外部有利机会。

机会存在的同时，贵州省仍面临外部技术基础及技术优势强导致可能构成技术壁垒、外部新兴技术相关高端人才聚集，外部技术实力的创新主体较多等威胁，表 8 - 2 - 1 示出了贵州省数字经济发展中知识产权创造 SWOT 分析情况。

表 8 - 2 - 1　贵州省数字经济发展中知识产权创造 SWOT 分析情况

	内部因素	
	优势（S）	劣势（W）
外部因素	①大数据产业发展迅速，新兴产业聚集明显； ②近年来知识产权创造活跃； ③地方政府支持力度强劲； ④具备一定人才储备，且集中程度较高	①省内知识产权布局力度较弱； ②创新主体实力相对较弱； ③缺乏高端技术人才
机会（O）	SO 战略措施	WO 战略措施
①数字经济蓬勃发展； ②创新政策环境优渥	①借助大数据"东风"，引导数字经济相关知识产权创造； ②强化政策支持，维持创新活跃	①引导知识产权联盟建立，整合整体实力； ②发挥政策优势，引导主体创新； ③完善高端人才培育、引进机制
威胁（T）	ST 战略措施	WT 战略措施
①现有知识产权已形成一定技术壁垒； ②创新主体实力相对较强	①加强新兴产业知识产权挖掘，完善知识产权布局，突破技术壁垒； ②强化招商引资，引进强力主体	①完善技术合作机制，鼓励主体深度合作； ②引导开展专利导航，强化专利布局效果

8.2.3　知识产权运用存在的问题

8.2.3.1　数字经济产学研合作有待强化

数字经济不仅影响各行各业的生产、流通、消费等方面，而且对社会、政治、文化等各领域产生深刻的影响。我国制造业优化升级离不开数字创新的支持，数字经济是无界经济、协同经济、融合经济，数字时代是颠覆性变革时代，不仅要凝聚产学研各方力量，共同应对时代变革出现的新挑战，共同研究新的理论和实践问题，而且需要通过产学研三者协同发展促进制造业数字创新。

通过调研发现，贵州省数字经济发展相关知识产权专利运用较少，且未形成良好的校企合作趋势。但是，随着高校将人才培养、科技、经济等一体化服务融合，将教育和研究向社会服务延伸，实现理论与实践相结合的教育方式，大学被进一步推向社会经济发展的风口，成为推动社会经济发展的重要力量。如今高新技术不断迭代升级，产学研相结合的发展模式已经成为推动社会经济发展必不可少的力量，贵州省在推动数字经济发展的路径中，应当加强产学研相结合的途径和合作，将更多高校的知识产权，特别是专利技术等运用到社会当中，最终推动地区经济发展。

8.2.3.2　数字经济知识产权价值评估难

通过调研发现，贵州省有知识产权质押融资经验的企业较少，数字经济发展相关知识产权质押融资则更少，仅寥寥数十件专利进行过质押融资，其他如商标、计算机软件著作权和集成电路布局设计相关运用则更为少见。在知识产权质押融资的过程中，知识产权价值评估是重要的环节。在传统价值评估中，国内生产总值（GDP）是经济活动中最常用的一种度量，但传统 GDP 计算忽略了数字经济中的巨大价值，当互联网为用户免费提供有价值的数字商品时，不会对 GDP数字产生直接影响。事实上，即使数字商品或服务的价格为零，消费者也可以从中获得很多价值。例如北京大学和清华大学等高校的网络开放课程使公众受益匪浅；互联网公司可以通过免费服务带来的收费服务中获得经济收益，如网络平台为线上用户提供免费搜索服务，却从广告客户那里获取高额的盈利。数字产权具有与传统的商品截然不同的三个特征：零成本复制、品质不变、及时转移。在互联网上，数字产权无处不在，在经济中的份额越来越高。互联网出现了大量不以国家法定货币进行计价的数字产权，包括数字货币、知识产权、信息服务、网络品牌影响力等。这些数字产权的互动交易是实时发生的，不像传统商品生产交换中形成可计量的库存，也没有严格统计的财务报表，这就为测量和评价带来了困难。如果不能对数字产权进行精确的测量和合理的评价，互联网中的交易成本会大量增加。数字经济知识产权价值评估难大，也导致了数字经济知识产权质押融资难度大，成功案例少的局面。

8.2.3.3　企业数字化转型融合渠道有待健全

在数字经济发展的浪潮之下，企业数字化转型已是必然趋势。数字化转型有利于打造企业的竞争力，有利于企业的降本增效，越来越多传统产业从线下走向线上，数字化转型基于新一代数字科技，以连接为基础，以数据为关键要素，以价值释放为目标，以数据赋能为主线，为企业带来的是全方位的新质生产力。

正在崛起的"中国数谷"贵阳创造出 5 个"中国首个"，即中国首个大数据战略重点实验室、中国首个全域公共免费 Wi-Fi 城市、中国首个块上集聚的大数据公共平台、中国首个政府数据开放示范城市和中国首个大数据交易所，贵州省本身有着良好的企业数字化转型融合的发展基础，但在调研时发现，大部分数字经济发展相关技术集中掌握在研究大数据、云计算、物联网、区块链、人工智能、5G 通信等新兴技术的专家学者手中，而制造加工企业开展上述技术自主研发的相对较少，也鲜有两类企业共同申请的情况，且技术基础较弱。同时，贵州省数字经济发展相关知识产权在转让、质押融资和许可方面的运用较少。在数字经济领域，贵州大学和铜仁职业技术学院专利申请量排名分列第三位和第五位，但专利运用方面的表现情况却不尽如人意，这也反映出贵州省高校在数字经济领域的创新优势尚未有效转化为企业的竞争优势。可见在贵州省范围内，数字经济技术拥有者和技术需求者对接渠道不够通畅，未能形成良好的供需对接，大数据企业和制造型企业之间的交流合作过少，专利的转化运用工作开展有待加强，表明新兴技术掌握者与产业融合中等技术需求者之间，并未良好地开展技术转化运用工作，究其原因，主要为贵州省知识产权管理总体上数字化水平还不够高，数据融合共享应用还不够充分，知识产权信息化、智能化基础设施建设还不够完善。因此，贵州省需要融合数字化技术，健全并推广技术交易平台，同时拓展健全技术拥有者和技术需求者沟通桥梁，为大数据企业和制造型企业之间创造更多的交流机会，更好地促进数字经济相关知识产权运用。

8.2.4　知识产权运用 SWOT 分析

从内部因素看，贵州省在大数据产业方面投入了大量资金和资源，积极推进大数据技术在各行各业的应用和发展。这为贵州省的数字经济发展提供了强有力的技术支撑和数据支持，同时也为知识产权运用提供了实施基础。贵州省积极发展新兴产业，例如云计算、人工智能、物联网等，这些产业的发展不仅促进了数字经济的快速发展，而且为知识产权运用提供了新的领域和机遇。贵州省政府高度重视数字经济和知识产权的发展，出台了一系列政策措施和资金支持，为数字经济和知识产权运用提供了强有力的政策支持。贵州省自身已建立知识产权运营平台，为数字经济知识产权的运用提供了交易平台。贵州省拥有一定数量优秀的高校和科研院所，这些高校和科研院所的技术人才储备和科研实力为数字经济在知识产权转化方面提供了实施基础。因此，贵州省在数字经济发展中的知识产权运用优势主要来自大数据产业的发展、新兴产业的集聚、政府的支持、运营平台和技术人才。这些因素共同推动着贵州省数字经济和知识产权运用的发展。但在数字经济发展过程中，贵州省由于知识产权权利主体欠缺运用经验，数字经济运用端产业薄弱，知识产权评估普及率较低，产学研合作不够深入，缺乏知识产权运用人才，制约了贵州省数字经济中知识产权的运用。

从外部发展环境来看，全球数字经济的快速发展为贵州省数字经济和知识产权运用提供了广阔的市场和合作机会，贵州省可以借鉴和吸收国际先进的经验和技术，为自身数字经济和知识产权运用提供外部机会。国务院于 2021 年印发《"十四五"国家知识产权保护和运用规划》，在国家政策层面，该规划指出未来五年重点建设方向在于知识产权保护和运用，在政策层面指出促进产业知识产权协同运用。为数字经济产业知识产权运用提供政策环境，这都是贵州省知识产权创造的外部有利机会。但机会存在的同时，贵州省仍面临外省权利主体知识产权运用经验丰富、数字经济运用端产业发达等诸多挑战，表 8 - 2 - 2 示出了贵州省数字经济发展中知识产权运用 SWOT 分析情况。

表 8 - 2 - 2　贵州省数字经济发展中知识产权运用 SWOT 分析情况

	内部因素	
	优势（S）	劣势（W）
外部因素	①大数据产业发展迅速，新兴产业聚集明显； ②地方政府支持力度强劲； ③拥有知识产权运营平台； ④具有一定技术人才	①权利主体知识产权运用经验欠缺； ②数字经济运用端产业薄弱； ③知识产权评估普及率低； ④产学研合作深入度不高； ⑤缺乏知识产权运用人才
机会（O）	SO 战略措施	WO 战略措施
①数字经济蓬勃发展； ②运用政策环境优渥	①完善知识产权运营平台，建立适配数字经济的相关模块； ②针对新兴产业特点，强化数字经济赋能，提高知识产权运用效率	①强化相关培训，补齐知识产权运用经验短板； ②引导建立适配的知识产权评估，为知识产权运用扫清障碍； ③鼓励产学研，提升知识产权运用效率； ④加强知识产权运用人才培养
威胁（T）	ST 战略措施	WT 战略措施
①权利主体知识产权运用经验丰富； ②数字经济运用端产业发达	①适度介入知识产权运营谈判，规避企业谈判风险； ②加强招商引资，健全数字经济运用端产业链	①加强知识产权运用领域的人才交流； ②强化与外省数字经济运用端产业的合作

8.2.5　知识产权保护存在的问题

8.2.5.1　数字经济保护法律制度有待完善

　　数字经济的蓬勃发展带来了大量的新型专利技术，其中包括人工智能、计算机软件、大数据分析等，传统经济与数字经济的不断融合也带来了大量的商业机会，例如短视频、互联网直播等新兴行业在著作权、传播和理性上也引发了许多争议和案件。但是由于相关法律法规处于正在完善的过程中，导致一些集团和个人的权益受到一定侵害。因此，进一步加强当下保护数字经济健康有序发展的法律法规有待完善。

8.2.5.2　数字经济知识产权案件取证难度大

根据当下部分热点案件分析，现阶段由于高新技术不断发展，许多违法犯罪分子利用高新技术进行新型犯罪，例如利用网络爬虫技术、视频过度解析、非法获取他人信息牟利等情况，涉及数字技术的部分案件在官方收集证据或及时解决侵权行为时带来不可避免的时耗，而互联网下的犯罪、侵权成本及行为变得更加容易。

8.2.5.3　数据保护与公共利益的平衡难把握

大数据时代，数据来源各异、纷繁复杂，涵盖了个人数据、公共数据、商业数据等多种类型。随着数据类侵权行为的不断翻新和发展，当前对于数字经济尤其是数据资源的保护依据散见于各类不同位阶的法律规范之中，大量涉及数据纠纷的案件通过适用《中华人民共和国反不正当竞争法》的原则条款进行审理。然而，即使是商业数据，往往也可能因其收集过程或使用场景涉及公共利益或社会福祉而具有一定的公共属性。在司法实践中如何平衡作为私权的数据权益与公共利益有待进一步探讨。

8.2.5.4　数据知识产权保护意识薄弱

随着人工智能、区块链、云计算、大数据等相关技术的快速发展，相关的数据知识产权保护法律法规发展还相对滞后，公众对于数据知识产权的认识和了解也比较少，加之当前数据知识产权保护普及度不高，很多人并不了解数据知识产权的概念和重要性，也不清楚自己在使用数据时需要遵守哪些法律法规。另外，数据共享文化不够成熟，在一些领域，数据的共享和交换是非常普遍的，但是公众对于数据共享的意识还不够成熟，不考虑数据的知识产权保护问题，随意使用或公开自身相关技术数据，未形成较好的数据保护意识。

8.2.5.5　数字经济专业保护人才尚有欠缺

数字经济领域的知识产权侵权行为隐蔽性较强、争议事实纷繁复杂，对司法审判能力提出更高要求，需要法官团队对行业现状和技术发展有深入了解，才能更快更好地为经营主体提供强有力的知识产权保护，而知识产权保护人才更多的是来自知识产权行业，从事数字经济的专业人才相对欠缺。

8.2.6　知识产权保护 SWOT 分析

从内部因素来看，贵州省拥有贵阳市知识产权保护中心，对高端装备制造和新一代信息技术产业专利快速审查的"绿色通道"，大幅缩短专利申请案件审查时间。该中心与法院、公安、仲裁等单位建立衔接机制，签订合作制度并邀请相关机构入驻，设立对应服务窗口及办公室；并不定期开展培训，提高企业对知识产权的认识，为企事业单位提供更加便捷、高效的知识产权"一站式"服务，有效提升当地知识产权公共服务能力。该中心投运后，围绕贵阳市产业布局，充分发挥快速确权、快速维权、导航预警等职能，为企事业单位提供知识产权保护服务，促进专利技术加快转移转化，有效推动新型工业制造业高质量发展，促进营商环境再优化。近年来，贵州省积极发展大数据产业，培育和引进相关专业技术人才，具备数字经济技术方面专业人才资源。这些因素共同推动贵州省数字经济和知识产权保护的发展。但在数字经济发展过程中，贵州省由于知识产权总体发展相对落后，因此存在知识产权保护体系仍不够完善、保护专业人才少、企业知识产权保护管理水平低、数据知识产权保护意识薄弱等劣势。

从外部发展环境来看，《知识产权强国建设纲要（2021—2035 年）》提出健全司法保护体制、行政保护体系、协同保护格局，探索建立行政保护技术调查官制度，建设知识产权行政执法监管平台，建立完善知识产权仲裁、调解、公证、鉴定和维权援助体系，健全知识产权信用监管体系，加强知识产权信用监管机制和平台建设，依法依规对知识产权领域严重失信行为实施惩戒；同时，针对数字经济发展国家政策支持力度大，结合国家知识产权宣传周各省市积极开展知识产权保护的宣传和培训工作。这都是贵州省知识产权保护的外部有利机会。但机会存在的同时，贵州省仍面临外部知识产权保护管理水平较高的数字化企业多和专业知识产权保护人才多等诸多挑战，表 8－2－3 示出了贵州省数字经济发展中知识产权保护 SWOT 分析情况。

表 8 - 2 - 3　贵州省数字经济发展中知识产权保护 SWOT 分析情况

	内部因素	
	优势（S）	劣势（W）
外部因素	①拥有贵阳市知识产权保护中心； ②具备数字经济技术方面专业人才资源	①数字经济领域知识产权保护体系不够完善； ②数字经济相关技术知识产权保护专业人才少； ③企业知识产权保护管理水平低； ④数据知识产权保护意识薄弱
机会（O）	SO 战略措施	WO 战略措施
①国家重视知识产权保护； ②数字经济发展政策好； ③知识产权保护宣传、培训力度大	①依托贵阳市知识产权保护中心针对数字化进程的关键技术纳入快速审查范围； ②加强数字经济方面专业人才的知识产权培训，培养专业技术＋知识产权专业人才	①结合国家知识产权保护政策法规，完善知识产权保护体系； ②加大知识产权维权、侵权相关知识培训，壮大知识产权保护人才队伍； ③依托国家知识产权保护支持政策，鼓励和引导企业开展企业知识产权管理规范； ④加强政府部门知识产权保护宣传，提高公众知识产权保护意识
威胁（T）	ST 战略措施	WT 战略措施
①知识产权保护管理水平较高的数字化企业多； ②专业知识产权保护人才多	①提升知识产权保护工作人员数字经济领域知识产权侵权判定能力； ②构建自身专业知识产权维权队伍	①与知识产权保护水平较高数字化企业开展交流和合作，提高自身技术和管理水平； ②与外部知识产权专业服务机构及人才进行合作，积极开展知识产权保护工作

第 9 章　推动贵州省数字经济发展的对策与建议

9.1　提升数字经济领域知识产权创造能力

9.1.1　建设数字经济知识产权创造环境

人工智能、区块链、云计算、大数据、元宇宙这些关键词近年来越来越多地进入公众视野，意味着数字经济及其所催生出的前沿技术正在改变着人们的生活和生产方式。贵州省矿产、轻工、新材料、航天航空等产业数字经济发展进程中知识产权资源虽有一定累积，但并未形成明显优势，数字经济创新能力尚有待提升，这就要求人们必须强化和提升知识产权的建设水平，务必加大和提高知识产权赋能数字经济创新发展的能力，走出一条高质量的贵州特色的数字经济创新之路。知识产权赋能数字生态，要对产权进行保护并厚植高品质的创新环境。高品质的创新环境来自对知识产权强有力的保障。实现知识产权赋能数字生态环境创新，就是将知识产权作为良好环境的培育者，为数字经济创新提供开放活力的环境；作为优质环境的塑造者为数字经济创新提供协调共生的环境；作为友好环境的保护者为数字经济创新提供竞争有序的环境，图 9 - 1 - 1 示出了提升数字经济领域知识产权创造能力策略概览。

图 9 - 1 - 1　提升数字经济领域知识产权创造能力策略概览

9.1.2　构建数字经济创新生态圈

促进知识产权创造高质量发展，要积极构建创新生态圈，为创新主体创造各种有利的创新条件，确保提供有利于创新发展的法律、政策和行政等社会环境，推动产业生态的良性运行。提升创新理念、创新文化和创新实践都离不开创新传统的建立，要从营造创新氛围、激发创新活力入手，为数字经济创新发展提供新的动力环境；畅通渠道是数字资源流动的关键条件，要按照市场化要求对数据流动渠道进行规范，促进数据资源共享和服务的改善；优化营商环境是数字经济创新发展的基本保障，要加快建设法治化的营商环境，积极探索多种营商环境模式，推动数字经济的创新发展。

9.1.3　引导数字经济资源配置

数字业态的形成是数字经济行业发展的必然结果，知识产权的重要功能是对业态资源的配置产生导向作用，这有利于推动高效益的资源创新。实现知识产权赋能数字业态资源创新，要将知识产权作为新业态资源的创造者，能够为数字经济发展提供效率为主的创新；作为新业态资源的推动者，能够为数字经济发展提供质量优先的创新；作为新业态资源的促进者，能够为数字经济发展提供规模效应的创新。在创新过程中，要抓住数字经济产业链关键环节，形成"点面结合"的持续创新机制，打破行业间、地区间数据壁垒，高效配置创新资源要素。着力培育互联网、物联网、云平台、大数据中心等产业链关键环节龙头企业，通过龙头企业带动产业链上下游协同发展。把科技自立自强作为数字经济发展的战略支撑，建设全省科技和产业创新高地。

9.1.4　加强数字经济关键技术创新成果保护

为进一步提升知识产权对数字经济发展的支撑力，应加强技术研发，提高技术创新水平，实现技术创新与产业发展的有效衔接，以知识产权赋能数字经济高质量发展。在此过程中，要加强对关键核心数字技术的保护，特别是要保护那些具有原创性的关键核心数字技术；推动数字产业化与产业数字化并进，加大数字经济产业布局力度，逐渐形成数字业态发展新格局。例如通过构建高价值专利培育计划。围绕大数据、云计算、物联网、区块链、人工智能、5G 通信等新兴技术，结合矿产、轻工、新材料、航天航空等产业发展需求，开展高价值专利重点培育工作，培育一批具有实施性、对产业发展具有推动作用的高价值专利；通过激励高质量计算机软件著作权创造，培育计算机软件著作权创新发展基地，持续推进计算机软件著作权示范工作，打造一批符合产业和区域特点的优质计算机软件著作权产业集群，推进计算机软件著作权交易、保护、服务一体化发展；通过合理布局新兴技术知识产权，从技术发展入手，做好知识产权挖掘与布局工作，全面保护核心技术，提升区域内企业技术竞争力。合理分配知识产权服务资源，促进区域间平衡发展，从而整体提高贵州省新兴技术知识产权实力。

9.1.5　引育数字经济基础研发人才

当下，数字经济已成为全球竞争新高地，数字经济发展离不开扎实的人才支撑，各地区对数字经济领域技术人才的需求急剧增长，人才引育工作成为发展数字经济的核心战略。新技术需要我们不断加大知识产权的创造，数字经济领域人才是知识产权高质量发展关键保障，筑牢数字经济领域人才支撑，要充分发挥高校、科研院所、企业、社会组织的作用。贵州省在数字经济发展相关技术方面具备一定技术优势的高校、科研院所为贵州大学、铜仁职业技术学院、贵州民族大学等，可引导上述高校和企业结合自身优势，开展技术人才研修、职业培训等，努力打造成数字经济核心产业人才培养培训高地；通过加强数字经济发展政策支持，进一步完善与数字经济领域知识产权人才相关的配套政策，建立有利人才安心创新创业的系统化生态环境；大力支持院士专家工作站等高端创新机构的建设，为人工智能、大数据、5G 等领域的高精尖人才创新创业搭建平台。通过设立引才专项奖励等方式，鼓励高精尖人才发挥其自身的人脉和专业技术优势，为平台推荐优秀人才和项目，吸引更多数字经济高端人才来黔干事创业；通过鼓励开设数字经济、集成电路、人工智能、大数据等前沿学科专业和课程，推动学科间交叉融合，推动产教深度融合。支持企业与院校共建，探索数字经济教学和实践基地，打造数字人才订单式以及定制化培养平台。鼓励专业机构和企业开展数字经济在职培训，开展企业新型学徒制培训，支持企业建立数字人才内部体系。

9.1.6　推动数字经济知识产权情报运用

数字经济技术飞速迭代，而技术创新是企业发展的核心动力。通过利用知识产权情报，企业可以了解市场竞争对手的技术创新和知识产权布局情况，及时调整自己的技术研发方向，提高技术创新能力，为数字经济的发展提供更多的动力。充分发挥知识产权数据对产业转型升级的支撑作用，依据矿产、轻工、新材料、航天航空等产业发展需求及大数据、云计算、物联网、区块链、人工智能、5G 通信技术发展需要，鼓励企业开展专利信息利用工作，加强数字经济领域高价值专利布局，加强关键领域自主知识产权创造和储备，基于专利布局现状及技术发展需求在"卡脖子"关键核心技术领域开展专利申请和布局，形成专利组合或者专利池，抢占产业发展制高点。开展知识产权分析评议，运用情报分析手段，对经济科技活动所涉及的知识产权进行综合分析，评估知识产权风险，核查知识产权资产，评价技术创新可行性，为活动开展提供咨询参考，维护知识产权领域安全。开展专利导航、微导航工作，辅助研发，助力技术的引进、消化、吸收、再创新，构建招商引资、招商引智导向目录，提升区域知识产权实力，促进区域知识产权创造。

9.2 完善数字经济领域知识产权转化运用机制

9.2.1 建立数字经济战略联盟

在数字经济领域，贵州大学和铜仁职业技术学院专利申请量排名分列第三位和第五位，但从前述分析可知，贵州省高校在专利运用方面并未形成良好势头，这反映出贵州高校在数字经济领域的创新优势尚未完全服务于本土企业。产业技术创新战略联盟是一种在更大范围、更高层次、更宽领域开展的产学研合作模式，是提升企业和产业竞争力的有效形式。如图9-2-1所示，建立数字经济创新战略联盟，支持贵州大学和铜仁职业技术学院等省内高校设立实体化运行的知识产权运营中心，对高校现有专利从促进转化实施的角度进行分类标引、分级管理，提高专利技术与企业产品的匹配效率，并积极探索知识产权权益分配机制改革，赋予科研人员知识产权所有权或长期使用权，集中贵州省内贵州电网有限责任公司、华为云计算技术有限公司等多家龙头企业，贵州大学和铜仁职业技术学院等高校，甚至外省高校和科研院所，构建科研、设计、工程、生产和市场紧密衔接的完整技术创新链条，架起"合作桥"，推动数字经济领域知识产权成果转化，有效解决贵州省产业集中度分散、技术领域原始创新匮乏、共性技术供给不足、核心竞争力受制于人的突出问题，有力推动知识产权资本化产业化。

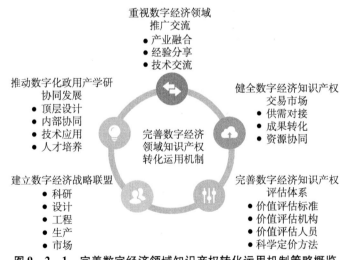

图9-2-1 完善数字经济领域知识产权转化运用机制策略概览

9.2.2　推动数字化政用产学研协同发展

在数字经济时代的背景之下，政府、高校、企业、用户等均是数字经济发展的主体，通过政府搭建数字经济平台；企业转型大力发展数字科学技术，并创造及运用大量新型数字化专利技术；高校不断进行高新技术科研创造，走在数字化经济的前沿，为经济社会带来大量新型技术及商业发展模式；最终围绕用户，将用户需求放在首位，实现"产学研"到"政用产学研"的转变。实现社会经济全面数字化发展不是一蹴而就的事，而是需要社会各主体从顶层设计、实际应用、人才培养及协同发展等方面进行全面融合，最后向着自动化、智能化、智慧化的新型社会前行。

9.2.3　完善数字经济知识产权评估体系

从政策层面上，国家标准《信息技术　大数据　数据资产价值评估（征求意见稿)》将数据资产定义为以数据为载体和表现形式，能进行计量并能为组织带来直接或间接经济利益的数据资源。根据《数字中国建设整体布局规划》，我国正持续完善数据产权制度，以官方数据交易机构为枢纽，推进数据资产计价，促成全国统一数据流通市场，释放商业数据价值。贵州省应紧跟国家的改革步伐，学习贯彻数字经济技术价值评估标准，培养一批数字经济价值评估机构和人员，同时组织一批专家研究数字产权的科学定价方法，作为数字产权定价的依据，与传统商品市场交易形成合同价格不同，数字产权是在互动均衡形成实时价值，要能够比传统 GDP 核算更真实准确地反映数字产权的价值关系，形成更加完善的数字经济知识产权评估体系，更好地服务于数字经济知识产权运用，促进贵州省数字经济发展。

9.2.4　健全数字经济知识产权交易市场

建立健全数字经济知识产权交易市场能够有效地推动无形资产的交易流动，通过政府公信力为平台支撑，融合贵州省各级市场主体，共同打造省级知识产权交易大平台。同时，运用现有云技术、大数据分析、人工智能等精准化查询及匹配市场主体的供给及需求。将贵州省高校、科研院所、高新技术企业等资源进行优化整合，将最新科技成果及时展示于平台上，从而满足社会经济不断增加的技术需求。除此之外，在高新科技领域，加强金融运营服务，吸引社会金融资源向高新科技领域靠拢，进一步加强对数字经济产业的支持，例如拓宽投融资渠道，形成以政府主导，高校、科研院所、金融平台等协同运营管理模式，将各自的优势集中并融合发展，最终提升知识产权交易平台的服务质量，形成良好的知识产权交易秩序。

9.2.5 重视数字经济领域推广交流

重视数字经济领域的合作有助于加快数字产业化，构建开放互利的数字技术合作格局，不断拓展数字领域合作成果，推动地方发展。数字技术推广与交流不仅是展示数字科技发展方向的重要舞台，更是促进数字经济转型、推动技术创新、提升创新合作的重要驱动力，对于贵州省数字经济的发展具有重要作用。可通过积极举办数字技术推广交流会，邀请制造型企业、大数据企业等相关企业分享先进的数字化技术及其赋能案例，面对面交流技术需求和供给，邀请数字化转型企业分享数字化转型经验并进行推广应用，降低数据流通与数字创新过程中的交易成本，打通阻碍数据要素有序流动的壁垒，畅通交流渠道，凝聚合作共识。

9.3 加强贵州省数字经济发展中知识产权保护

9.3.1 加快制定数据知识产权保护立法

积极开展知识产权基础性法律研究，加快制定数据知识产权保护的专门法律法规，以平衡社会公共利益和市场主体权益、促进数据共享流通和避免数据垄断。明确数据产权纠纷案件管辖、数据权益保护、数据权属认定、数据使用规范、数据使用公开开放等问题，着力消除数字经济发展中的制度壁垒。例如，对于软件著作权，可以考虑优化著作权法，明确软件源代码和目标代码的保护范围，规定软件的合理使用规则；对于商业秘密，可以考虑制定更严格的保密法，规定企业的保密义务，增加侵权的法律责任；对于数字版权，可以考虑优化数字版权保护法，优化数字作品的使用和授权规则，加强对数字版权的保护。在处理平台经济中的知识产权问题时，可能需要考虑如何平衡平台的服务功能与其对知识产权的控制，避免知识产权私权过度集中的现象，图 9 - 3 - 1 示出了加强贵州省数字经济发展中知识产权保护策略概览。

图 9 - 3 - 1　加强贵州省数字经济发展中知识产权保护策略概览

9.3.2　加强数字经济多方协同保护规范衔接

针对数据的各个阶段流程，制定相关的保护措施和方法。鼓励和引导建立知识产权维权联盟，建立针对数字经济领域的中小微企业维权援助机构，加强数字经济相关领域的专利导航等知识产权布局引导政策。对数据的采集、处理过程中形成的技术方案、方法，通过细化、完善知识产权部门法规进行保护。充分利用现代化科技手段，依托智慧法院建设成果，积极打造信息共建共享平台，不断拓展司法协作范围，深入推进司法协作机制建设，提升协作实效。抓实知识产权保护诉源治理，针对审判中发现涉及数字经济保护问题，及时向行政机关、行业协会、企事业单位等发送司法建议。围绕数字经济司法保护的疑难、前沿问题，组织审判力量、专家学者等开展联合调研、讨论。完善知识产权行政执法和司法衔接，加强司法机关与市场监管部门、海关等的协作，推动形成市场竞争秩序规范治理合力。积极采用大数据、云计算等技术对数字经济竞争秩序进行监管和预测，及时甄别企业的垄断和不正当竞争行为。

9.3.3 完善数字经济知识产权裁判规则

为了适应数字经济的发展，需要及时制定相关司法解释并发布典型案例，明确知识产权保护的裁判规则。具体来说，可以从以下四个方面入手。

第一，对诞生于大数据、人工智能、区块链、云计算、5G 通信技术、元宇宙等新兴数字产业的知识产权，加大司法保护力度，细化对新兴领域新兴技术相关创新成果的保护规则，促进数字技术创新应用。

第二，研究并完善人工智能产出物、非同质化通证、开源软件等知识产权司法保护规则。

第三，对于标准必要专利，应妥善处理纠纷，完善其许可费率计算、禁诉令及其纠纷的管辖确定和停止侵害责任承担条件等裁判规则。

第四，对于滥用知识产权、恶意诉讼、专利陷阱和专利垄断等阻碍数字经济发展及技术创新的不法行为，应坚决规制，必要时，依法进行惩处。

9.3.4 建立数字化多元解纷机制

为优化技术事实查明机制，加速改革证据制度，应积极对数字经济市场竞争秩序纠纷案件进行总结和归纳，汲取相关经验；对于同类案件的法律适用规则进行统一，构建数字化多元纠纷解决机制。

第一，加强与互联网法院、互联网科技企业、行业协会等合作，建立互联网领域纠纷多元解决机制，防范和化解互联网空间风险和矛盾，对线上办理的民商事案件进行有针对性的办理。

第二，依托并利用电子信息技术及各网络平台，对于在线诉讼、诉前纠纷化解以及互联网纠纷案件量化裁判等，积极探索对其检察监督的模式和规则，同时，创新监督方式和方法，以提高监督质效。

第三，为了提高数字经济知识产权相关纠纷问题的解决效率，建议成立专门的仲裁机构。对于通过仲裁仍然无法顺利解决的问题，可在法院设立知识产权审判庭以保护当事人的合法权益。

9.3.5　加强数字经济知识产权保护宣传

随着数字经济的发展，知识产权侵权案件日益增多，加强知识产权保护已势在必行。为净化数字经济发展环境，各媒体应积极发挥作用，明辨是非，引导舆论，传递正能量，营造公平竞争的良好氛围。同时，主流媒体还应在树立知识产权保护意识方面发挥主导作用，促进公众参与打假，净化、维护商业环境和网络环境，为数字经济发展创造良好条件。

9.3.6　重视数字化的治理型人才培养

人工智能时代使得物理现实、数字和个人的边界变得模糊，甚至引发了一系列因应用不当而产生的伦理道德问题。因此，需要回归"以人为本"的价值观、道德观，构建符合伦理要求的人工智能，以规避数字经济快速发展带来的各项风险并提高数字经济领域的知识产权保护水平。

同时，为满足数字经济时代知识产权保护工作需求，要重视培养数字治理方面的人才，建立专业的、有高度责任感的、具备法律知识和综合素质的知识产权管理队伍，强调引进优秀人才以加强管理和保护技术。另外，应提高所有相关人员的知识产权保护意识，定期进行知识产权教育。

附录1 贵州省高价值专利运用导向目录

为整合专利技术资源，推动产业技术融合发展，附录1将涉及战略性新兴产业领域、专利维持10年以上、在海外有同族的中国专利、发生专利质押或许可的专利、获得国家科学技术奖或中国专利奖的发明专利，或专利价值度（基于合享专利信息数据库依照技术先进性、技术稳定性等20余项指标计算）为9分及以上的专利作为高价值专利，作为可供产业数字化融合发展参考的技术运用导向目录。详细情况如附表1-1所示。

附表1-1 贵州省高价值专利运用导向目录

序号	申请号	标题	专利权人	申请日
1	202210638926.8	一种基于人工智能的工业园区智能巡检预警系统	多彩贵州印象网络传媒股份有限公司	2022-06-07
2	202210613956.3	一种基于大数据的工业产品生产质量监测分析系统	多彩贵州印象网络传媒股份有限公司	2022-05-31
3	202122364885.1	一种矿山系统智能学习协同作业装置	明创慧远（贵州）技术有限公司；明创慧远科技集团有限公司；明创慧远（长沙）矿山设计研究院有限公司	2021-09-28
4	202122316239.8	一种数字煤矿三维建模用基于GIS的地理信息采集装置	贵州煜滕煤炭行业大数据信息中心有限责任公司	2021-09-24
5	202110451574.0	一种基于区块链的监控视频数据加密传输系统及方法	贵州大学	2021-04-26
6	202110294350.3	一种基于工业大数据的多源异构数据融合系统及方法	贵州航天云网科技有限公司	2021-03-19

序号	申请号	标题	专利权人	申请日
7	202110269127.3	一种人工智能数据处理用分析装置	六盘水师范学院	2021 - 03 - 12
8	202110127088.3	一种基于移动轨迹大数据的短时交通流量预测方法及系统	贵州民族大学	2021 - 01 - 29
9	202023288216.2	一种区块链计算的计算机机箱	贵州金之翼大数据科技有限公司	2020 - 12 - 31
10	202023183568.1	一种矿井采样机器人	贵州锦丰矿业有限公司	2020 - 12 - 25
11	202011497872.5	一种基于简布法的复合地基填方边坡稳定性系数计算方法	贵州正业工程技术投资有限公司；清华大学	2020 - 12 - 17
12	202011497874.4	基于传递系数法的复合地基填方边坡稳定性系数计算方法	贵州正业工程技术投资有限公司	2020 - 12 - 17
13	202011263523.7	一种基于人工神经网络及深度强化学习的 AVC 智能控制方法	贵州电网有限责任公司；贵州电网有限责任公司凯里供电局	2020 - 11 - 12
14	202022333358.X	一种基于物联网的特定区域监控及警告系统	贵州乌江水电开发有限责任公司乌江渡发电厂；广州健新科技有限责任公司	2020 - 10 - 20
15	202010875224.2	一种基于云端协同分层自治的能源互联网数据处理方法	贵州电网有限责任公司	2020 - 08 - 27
16	202010432326.7	一种基于 NCS、MS 的相似物体实时检测方法及系统	贵州电网有限责任公司	2020 - 05 - 20
17	202010383891.9	一种区块链分布式组网中软硬件资源高效协同复用的方法	贵阳信息技术研究院（中科院软件所贵阳分部）	2020 - 05 - 08
18	202010363929.6	基于概率转移深度强化学习的无线物联网资源分配方法	贵州电网有限责任公司	2020 - 04 - 30
19	201922337545.2	基于 5G Wi - Fi 无线通讯技术❶的阳极焙烧燃控系统	贵阳振兴铝镁科技产业发展有限公司	2019 - 12 - 23

---

❶　此处"通讯技术"应为"通信技术"。——编辑注

续表

序号	申请号	标题	专利权人	申请日
20	201922283878.1	一种稳定性高的大数据服务器终端	贵州云腾志远科技发展有限公司	2019 – 12 – 18
21	201910976084.5	一种煤矿钢丝绳实时在线检测设备	贵州天保生态股份有限公司	2019 – 10 – 15
22	201910669519.1	一种结构化数据的敏感属性识别与分类分级方法	贵州大学	2019 – 07 – 24
23	201921160696.9	一种基于多传感器的物联网实验装置	六盘水师范学院	2019 – 07 – 23
24	201910629016.1	基于区块链的分散自治能源互联网能量交易与能量系统	贵州电网有限责任公司	2019 – 07 – 12
25	201910497262.6	基于区块链的信息共享系统及方法	中电科大数据研究院有限公司	2019 – 06 – 10
26	201910467880.6	AI – CPU 系统平台	贵州精准健康数据有限公司	2019 – 05 – 31
27	201910412420.3	一种结构化数据敏感属性的识别与分类分级方法	贵州大学	2019 – 05 – 17
28	201910311609.3	一种降低联网云应用延迟的方法及系统	贵阳动视云科技有限公司	2019 – 04 – 18
29	201920359014.0	一种物联网控制平台	贵州中信宏业科技股份有限公司	2019 – 03 – 21
30	201910121060.1	基于大数据流式技术业务系统间权限交互监控系统及方法	贵州电网有限责任公司	2019 – 02 – 19
31	201910117615.5	一种智能热点打散的方法、装置、存储介质及计算机设备	贵州白山云科技股份有限公司	2019 – 02 – 15
32	201920094578.6	一种高寿命区块链数据同步装置	贵州晨和环宇科技有限公司	2019 – 01 – 21
33	201811601122.0	用于蒙哥马利模乘中的不均等分块的数据处理方法及装置	贵州华芯半导体技术有限公司	2018 – 12 – 26
34	201811510873.1	一种转子叶片锻件叶尖工艺延伸段的建模方法	中国航发贵州黎阳航空动力有限公司	2018 – 12 – 11

续表

序号	申请号	标题	专利权人	申请日
35	201822076692.4	一种大数据信息采集装置	铜仁职业技术学院	2018 – 12 – 11
36	201822075245.7	一种大数据服务器散热装置	铜仁职业技术学院	2018 – 12 – 11
37	201811505870.9	一种双系统代码/文件管理平台架构	中电科大数据研究院有限公司	2018 – 12 – 10
38	201822014182.4	二次设备远程管理监控装置	贵州电网有限责任公司	2018 – 12 – 03
39	201811367837.4	一种面向运行可靠性的短期负荷预测建模方法	贵州电网有限责任公司	2018 – 11 – 16
40	201811331878.8	自动化测试方法、装置、电子设备及计算机可读介质	贵州医渡云技术有限公司	2018 – 11 – 09
41	201821784178.X	一种智能物联网网关	贵州大学	2018 – 10 – 31
42	201811087295.5	一种非平衡边缘云 MEC 系统的多用户多任务迁移决策方法	贵州电网有限责任公司	2018 – 09 – 18
43	201810878240.X	多目标驱动的产品形态基因网络模型构建方法	贵州大学	2018 – 08 – 03
44	201810874761.8	一种基于区块链的实验室信息业务管理系统及工作方法	食品安全与营养（贵州）信息科技有限公司；贵州省分析测试研究院	2018 – 08 – 03
45	201810701562.7	基于物联网的安防监控方法	仁怀市云侠网络科技有限公司	2018 – 06 – 29
46	201810653992.6	一种虚拟云网络控制方法、系统和网络装置	贵州白山云科技股份有限公司	2018 – 06 – 22
47	201810331908.9	一种基于区块链网络的资源获取方法和系统	贵州白山云科技股份有限公司	2018 – 04 – 13
48	201810289004.4	一种基于区块链的信任服务架构及方法	中电科大数据研究院有限公司	2018 – 04 – 03
49	201810274998.2	基于 Redis 的数据存储方法、读取方法及装置	贵阳朗玛信息技术股份有限公司	2018 – 03 – 30
50	201810280106.X	网络设备认证的方法、网元设备、介质及计算机设备	贵州白山云科技股份有限公司	2018 – 03 – 30

序号	申请号	标题	专利权人	申请日
51	201810135010.4	一种原位检测矿物微区EBSD图像的方法	中国科学院地球化学研究所	2018－02－09
52	201820211321.X	一种矿业安全实时监控装置	贵州金兴黄金矿业有限责任公司	2018－02－06
53	201810026584.8	一种底层数据监控方法、介质、设备及装置	贵州白山云科技股份有限公司	2018－01－11
54	201721884636.2	一种面向云计算的灾难恢复系统	贵阳忆联网络有限公司	2017－12－28
55	201721431710.5	一种局域物联网的通信网络监控系统	贵州力创科技发展有限公司	2017－10－31
56	201721431706.9	一种基于物联网的通信数据检索系统	贵州力创科技发展有限公司	2017－10－31
57	201710620933.4	一种多媒体转码方法和系统	贵州白山云科技股份有限公司	2017－07－27
58	201710439003.9	一种云服务器资源监控方法和系统	贵州白山云科技股份有限公司	2017－06－12
59	201710364392.3	一种云计算系统配置更新方法、控制中心及云计算节点	贵州白山云科技股份有限公司	2017－05－22
60	201710117463.X	一种内容更新方法及装置	贵州白山云科技股份有限公司	2017－03－01
61	201720007671.X	互联网大数据管理装置	贵州力创科技发展有限公司	2017－01－04
62	201611243897.6	基于云计算的输入输出控制方法及装置	贵阳动视云科技有限公司	2016－12－29
63	201621435465.0	基于云计算的照片管理系统	贵州方为数字科技（集团）有限责任公司	2016－12－26
64	201611123047.2	一种大数据获取方法	贵州数据宝网络科技有限公司	2016－12－08
65	201610873442.6	基于ZigBee技术的锚杆应力监测仪及其使用方法	贵州大学	2016－11－24
66	201911090331.8	一种基于内容分发网络的HTTPS加速方法和系统	贵州白山云科技股份有限公司	2016－09－30

序号	申请号	标题	专利权人	申请日
67	201620993034.X	一种基于内容分发网络的HTTPS加速方法和系统	贵州白山云科技股份有限公司	2016-09-30
68	201610675596.4	一种自动放矿无人值守系统	首钢水城钢铁（集团）有限责任公司	2016-08-30
69	201610652335.0	用于大数据分析的数据挖掘方法	贵州数据宝网络科技有限公司	2016-08-17
70	201620814558.8	一种基于虚拟现实的延时工业操作控制系统	贵州翰凯斯智能技术有限公司	2016-08-11
71	201620793865.2	一种PAAS云计算平台管理系统	贵州优联博睿科技有限公司	2016-07-29
72	201510710959.9	基于北斗定位通信的物联数据传输系统	贵州北斗空间信息技术有限公司	2016-07-27
73	201510582396.X	一种面向虚拟化实例的启动配置实施方法	贵州电网有限责任公司电力调度控制中心	2015-10-29
74	201510504212.8	一种数据上传的方法及数据转发服务器	贵阳朗玛信息技术股份有限公司	2015-09-15
75	201520618749.2	大数据智能分析系统及其应用方法	贵阳朗玛信息技术股份有限公司	2015-08-17
76	201520595902.4	大数据智能分析系统	贵阳朗玛信息技术股份有限公司	2015-08-17
77	201510334026.4	基于分布式计算和大数据仓库的计量业务支撑平台系统	贵阳供电局	2015-08-10
78	201510060294.1	一种墒情实时监测和预测系统及其检测方法	贵州师范学院	2015-06-17
79	201210257895.8	一种铝电解生产精确感知与智能决策方法及MES系统	贵阳铝镁设计研究院有限公司	2015-02-05
80	201210105198.0	一种铸件显微疏松标准图谱制造方法及应用方法	贵州安吉航空精密铸造有限责任公司	2012-07-24
81	201210105296.4	一种基于Java平台的航天器测试软件构架及其测试方法	贵州航天风华精密设备有限公司	2012-04-11
82	201611040119.7	一种模拟航天器设备异常的软件测试方法	贵州航天风华精密设备有限公司	2012-04-11

附录2 贵州省知识产权需求调研报告

附录 2 以调研的形式了解贵州省数据经济的知识产权需求。通过调研工作的开展，获取产业融合发展对知识产权的需求信息，总结当前全省产业发展需求，为后续构建产业融合发展助推建议提供依据。

一、调查问卷数据采集、加工及数据库建立说明

（一）数据采集

针对贵州省数字经济发展中的知识产权需求开展研究工作，获取产业融合发展对知识产权的需求信息。具体需求情况采用问卷调查的方式进行收集，调查问卷采用纸质、电子版的方式进行发放，发放对象为在贵州省数字经济发展相关技术方面具有一定技术实力的企事业单位，回收的调查问卷形式包括纸质版、扫描件、照片等数据。

（二）数据加工及建库

首先对回收的调查问卷数据进行清理，保证数据的有效性，剔除无效问卷，问卷的有效率是保证分析结果价值的基础。存在以下情况时，调查问卷判定为无效。

（1）基本信息缺失的问卷。

（2）出现漏选情况的问卷。

（3）答案中出现大量选项连续一样情况的问卷。

（4）答题时长比较极端或者偏离平均值太多的问卷。

（5）题目或选项之间隐藏逻辑答案冲突的问卷。

二、对专利的需求研究

当今世界，世界经济深度转型，新技术、新产业蓬勃兴起，新的一轮科技革命和产业变革加速推进，并呈现出一系列值得关注的新态势。近年来，数字经济在我国取得了长足的发展，打造具有世界竞争力的数字产业集群，加快推进和发展数字经济，深度融合数字产业和数字经济，是我国"十四五"规划和2035年的远景目标。知识产权在数字化时代成为前沿技术创新的关键驱动力之一，近年来数字技术相关专利增长的速度名列前茅，但申请量依然存在较大提升空间，重要环节在于质量提升、权益保障以及强化专利保护三个方面。在数字经济背景下，以产业数字化促进商业机密向专利转换、提升专利质量、保障职务发明人权益及追求专利保护精细化是激发专利保护对技术创新正向激励作用、推动经济高质量发展的重要举措。贵州省对专利的需求调研分析如附表2-1所示。

附表2-1 贵州省对专利的需求调研分析

序号	需求内容	需求类型	需求单位
1	专利申请	知识产权创造	中国航发贵阳发动机设计研究所
2	专利申请	知识产权创造	贵阳朗玛信息技术股份有限公司
3	专利申请	知识产权创造	华为云计算技术有限公司
4	专利申请	知识产权创造	贵阳铝镁设计研究院有限公司
5	专利申请	知识产权创造	贵州电网有限责任公司
6	专利申请	知识产权创造	中电科大数据研究院有限公司
7	专利申请	知识产权创造	贵州力创科技发展有限公司
8	专利申请	知识产权创造	贵州白山云科技股份有限公司
9	专利申请	知识产权创造	贵州数据宝网络科技有限公司
10	专利申请	知识产权创造	贵州省广播电视信息网络股份有限公司
11	专利申请	知识产权创造	世纪恒通科技股份有限公司
12	专利申请	知识产权创造	贵州财经大学
13	专利申请	知识产权创造	贵州航天云网科技有限公司
14	专利申请	知识产权创造	贵州东冠科技有限公司
15	专利申请	知识产权创造	贵州东彩供应链科技有限公司
16	专利申请	知识产权创造	贵州云尚物联科技股份有限公司

续表

序号	需求内容	需求类型	需求单位
17	专利申请	知识产权创造	贵州智诚科技有限公司
18	专利申请	知识产权创造	贵州电网有限责任公司电力科学研究院
19	专利申请	知识产权创造	中国电建集团贵阳勘测设计研究院有限公司
20	专利申请	知识产权创造	贵州师范大学
21	专利申请	知识产权创造	贵州江南航天信息网络通信有限公司
22	专利申请	知识产权创造	贵州民族大学
23	专利申请	知识产权创造	贵州理工学院
24	专利申请	知识产权创造	贵州大学
25	专利申请	知识产权创造	贵阳学院
26	专利布局	知识产权创造	中国航发贵州黎阳航空动力有限公司
27	专利布局	知识产权创造	中国电建集团贵阳勘测设计研究院有限公司
28	专利布局	知识产权创造	贵州江南航天信息网络通信有限公司
29	专利布局	知识产权创造	贵州电网有限责任公司电力科学研究院
30	专利布局	知识产权创造	贵州大学
31	专利布局	知识产权创造	贵阳朗玛信息技术股份有限公司
32	专利布局	知识产权创造	华为云计算技术有限公司
33	专利布局	知识产权创造	贵阳铝镁设计研究院有限公司
34	专利布局	知识产权创造	贵州电网有限责任公司
35	专利布局	知识产权创造	中电科大数据研究院有限公司
36	专利布局	知识产权创造	贵州力创科技发展有限公司
37	专利布局	知识产权创造	贵州白山云科技股份有限公司
38	专利布局	知识产权创造	贵州数据宝网络科技有限公司
39	专利布局	知识产权创造	世纪恒通科技股份有限公司
40	专利布局	知识产权创造	贵州财经大学
41	专利布局	知识产权创造	贵州航天云网科技有限公司
42	专利布局	知识产权创造	贵州云尚物联科技股份有限公司
43	高价值专利培育	知识产权创造	中国航发贵阳发动机设计研究所
44	高价值专利培育	知识产权创造	中国电建集团贵阳勘测设计研究院有限公司
45	高价值专利培育	知识产权创造	贵州师范学院
46	高价值专利培育	知识产权创造	贵州理工学院
47	高价值专利培育	知识产权创造	贵州电网有限责任公司
48	高价值专利培育	知识产权创造	贵州大学
49	高价值专利培育	知识产权创造	贵阳学院

序号	需求内容	需求类型	需求单位
50	高价值专利培育	知识产权创造	贵阳铝镁设计研究院有限公司
51	高价值专利培育	知识产权创造	贵阳朗玛信息技术股份有限公司
52	高价值专利培育	知识产权创造	华为云计算技术有限公司
53	高价值专利培育	知识产权创造	贵州白山云科技股份有限公司
54	高价值专利培育	知识产权创造	世纪恒通科技股份有限公司
55	侵权预警	知识产权保护	中国航发贵州黎阳航空动力有限公司
56	侵权预警	知识产权保护	中国航发贵阳发动机设计研究所
57	侵权预警	知识产权保护	贵州电网有限责任公司电力科学研究院
58	侵权预警	知识产权保护	贵州电网有限责任公司
59	侵权预警	知识产权保护	贵阳铝镁设计研究院有限公司
60	侵权预警	知识产权保护	华为云计算技术有限公司
61	侵权预警	知识产权保护	贵州白山云科技股份有限公司
62	侵权预警	知识产权保护	世纪恒通科技股份有限公司
63	侵权预警	知识产权保护	贵阳朗玛信息技术股份有限公司

根据附表 2 - 1 可以看出，贵州省对专利的需求调研主要体现在三个方面，分别是专利、创造以及保护。

专利方面。研究对象主要体现在对专利申请、高质量专利培育、专利布局以及侵权预警方面提出需求。数字技术创新是数字经济的本质，将相关产业数字化融合发展是产业数字化转型的重要途径。而专利文献是数字化技术最有效的载体之一，相比较于其他文献形式，专利文献更加具备实用性。

创造方面。发明创造是推动技术不断更新的唯一途径，通过法律法规对创造的成果进行一定的保护，能够更好地推动经济社会的发展，专利是最佳且最实用的方式之一。企业或者行业通过专利来制约竞争对手，在市场经济的发展中掌控自身创造所带来的优势的主动权，如果他人想要使用研发的技术或者产品，那么需要专利所有人进行授权。企业之间专利技术的竞争或者高新技术的不断迭代，一方面能够提升社会经济的基本技术含量，另一方面能够使企业降低成本且提升产品附加值，最终能够更好地服务社会，满足社会日益增长的需求。因此，数字经济的发展壮大，离不开专利技术的更新迭代，即不断进行创新创造。

保护方面。专利文献是数字、文字、图片等数据的集合，而数据具有强大的流动性，极易导致各种侵权行为的产生，同时侵权的隐蔽性非常强，这也导致各国为保护专利技术而不断发愁。数字经济相关技术均诞生于各类数据的分析及应用，如若无法得到有效保护，将直接冲击数字经济产业的健康发展，一方面在法律法规的保障下推动数字经济知识产权的保护，另一方面也需要遏制行业市场发展后出现的垄断及不正当竞争事宜，能够使同一行业的不同规模主体得到健康良好的发展。

另外，在专利技术侵权与被侵权之间产生了专利侵权预警分析。经济社会不断发展的背景下，数字经济的相关侵权案件也日益增多，各行业企业在生产经营过程中需要通过专利侵权预警进行保护和增强市场认知，不侵犯他人专利权的同时保护自己应有的专利权益，一旦发现自身行为有可能侵犯他人权益时可以及时采取相应措施，修改或调整自身发展方向；同时，也能够提醒自己，他人侵犯自己的专利权益时可以立即采取预警措施，从而使各企业清晰地认知自身的权益范围，最终实现行业的良性发展。

综上所述，数字经济的发展离不开创新创造，而知识产权是创造成果最有效且最实用的载体，保护知识产权便是在保护创新创造。企业拥有的专利技术能够对企业自身发展起到重要的保护作用，同时能够作为企业不断开拓未来市场的试金石和武器。

三、对商标的需求研究

随着数字经济的飞速发展，世界经济的一体化程度越来越高，国内市场和产品也开始进入一个全新的发展与竞争阶段。随着人民生活水平的提高，消费者的商标意识不断增强，购买商品时商标选择的行为取向已越来越明显，同时说明商标与消费者行为之间的关系越来越密切，在消费者购物行为中，商标起着十分重要的作用。然而，尽管消费者"认牌购物"行为越来越明显，国内的许多企业依然没有意识到创立商标的重要性，消费市场仍然大量地被外国商标所控制。因此商标在利用市场消费影响抢占市场份额上有着重要作用，数字经济发展同样如此。贵州省对商标的需求调研分析如附表2-2所示。

附表 2 – 2　贵州省对商标的需求调研分析

序号	需求内容	需求类型	需求单位
1	商标注册	知识产权创造	中国航发贵阳发动机设计研究所
2	商标注册	知识产权创造	贵阳朗玛信息技术股份有限公司
3	商标注册	知识产权创造	华为云计算技术有限公司
4	商标注册	知识产权创造	贵阳铝镁设计研究院有限公司
5	商标注册	知识产权创造	贵州电网有限责任公司
6	商标注册	知识产权创造	中电科大数据研究院有限公司
7	商标注册	知识产权创造	贵州力创科技发展有限公司
8	商标注册	知识产权创造	贵州白山云科技股份有限公司
9	商标注册	知识产权创造	贵州数据宝网络科技有限公司
10	商标注册	知识产权创造	贵州省广播电视信息网络股份有限公司
11	商标注册	知识产权创造	世纪恒通科技股份有限公司
12	商标注册	知识产权创造	贵州财经大学
13	商标注册	知识产权创造	贵州航天云网科技有限公司
14	商标注册	知识产权创造	贵州东冠科技有限公司
15	商标注册	知识产权创造	贵州东彩供应链科技有限公司
16	商标注册	知识产权创造	贵州云尚物联科技股份有限公司
17	商标注册	知识产权创造	贵州智诚科技有限公司
18	商标注册	知识产权创造	贵州电网有限责任公司电力科学研究院
19	商标注册	知识产权创造	中国电建集团贵阳勘测设计研究院有限公司
20	商标注册	知识产权创造	贵州师范大学
21	商标注册	知识产权创造	贵州江南航天信息网络通信有限公司
22	商标注册	知识产权创造	贵州民族大学
23	商标注册	知识产权创造	贵州理工学院
24	商标注册	知识产权创造	贵州大学
25	商标注册	知识产权创造	贵阳学院
26	商标布局	知识产权创造	中国航发贵州黎阳航空动力有限公司
27	商标布局	知识产权创造	中国电建集团贵阳勘测设计研究院有限公司
28	商标布局	知识产权创造	贵州江南航天信息网络通信有限公司
29	商标布局	知识产权创造	贵州电网有限责任公司电力科学研究院
30	商标布局	知识产权创造	贵州大学
31	商标布局	知识产权创造	贵阳朗玛信息技术股份有限公司
32	商标布局	知识产权创造	华为云计算技术有限公司
33	商标布局	知识产权创造	贵阳铝镁设计研究院有限公司

序号	需求内容	需求类型	需求单位
34	商标布局	知识产权创造	贵州电网有限责任公司
35	商标布局	知识产权创造	中电科大数据研究院有限公司
36	商标布局	知识产权创造	贵州力创科技发展有限公司
37	商标布局	知识产权创造	贵州白山云科技股份有限公司
38	商标布局	知识产权创造	贵州数据宝网络科技有限公司
39	商标布局	知识产权创造	世纪恒通科技股份有限公司
40	商标布局	知识产权创造	贵州财经大学
41	商标布局	知识产权创造	贵州航天云网科技有限公司
42	商标布局	知识产权创造	贵州云尚物联科技股份有限公司
43	商标布局	知识产权创造	贵州省广播电视信息网络股份有限公司
44	商标布局	知识产权创造	贵州东冠科技有限公司
45	商标布局	知识产权创造	贵州东彩供应链科技有限公司
46	商标布局	知识产权创造	贵州智诚科技有限公司
47	商标侵权	知识产权保护	贵阳朗玛信息技术股份有限公司
48	商标侵权	知识产权保护	华为云计算技术有限公司
49	商标侵权	知识产权保护	中电科大数据研究院有限公司
50	商标侵权	知识产权保护	贵州白山云科技股份有限公司

商标方面被调研对象主要对商标注册、商标布局、商标侵权方面提出需求，而在数字经济时代的当下，奥运冠军、热门事件、大企业的新品牌宣发等都成了他人恶意抢注的商标对象。其原因之一就在于，互联网场景下，人们获取信息的方式发生了改变，爆炸式、病毒式的信息分享和传播速度，使得品牌一夜成名、一夜被抢注成为常态。做好商标注册、布局和保护工作就显得尤为重要。

企业的发展必然带动其企业形象及品牌价值的壮大。商标作为企业本身的形象价值，承载了企业发展的历史和其市场的影响力。商标的战略布局，直接体现了企业领导人对经济社会及未来市场的发展观念，企业规模不断扩大，其核心业务也将多元化发展，在不同行业和不同领域都拥有自身核心业务，且拥有自身商标及品牌，不仅能够有效保护自身企业健康良好发展，而且能够为地区经济发展作出一定贡献，同时防止出现同行业恶性竞争的情况，最终推动企业本身发展及维持行业经济健康向前。

四、对计算机软件著作权的需求研究

在数字经济发展的过程中，软件化的趋势日益明显，软件的核心地位不断突出。软件技术为工业信息化、人工智能、大数据和云计算等应用场景提供有力技术支撑，也是高新技术发展的重点领域和关键环节。软件被称为信息技术之魂、网络安全之盾、经济转型之擎、数字社会之基。在数字经济由虚入实的趋势之下，软件在制造业的应用渗透不仅有助于促进数字经济与实体经济的融合，而且成为数字要素与传统要素有效整合的关键力量。未来，软件升级将促进数字经济与实体经济的融合。在此过程中，计算机软件著作权越多，企业在科技、互联网领域的护城河就越深，核心竞争力就越强，不但可以防范别有用心企业的恶意盗版，还可以保护和提高企业的竞争力。贵州省对计算机软件著作权的需求分析如附表2-3所示。

附表2-3　贵州省对计算机软件著作权的需求分析

序号	需求内容	需求类型	需求单位
1	计算机软件著作权登记	知识产权创造	贵州电网有限责任公司
2	计算机软件著作权登记	知识产权创造	贵阳铝镁设计研究院有限公司
3	计算机软件著作权登记	知识产权创造	贵州电网有限责任公司电力科学研究院
4	计算机软件著作权登记	知识产权创造	贵阳朗玛信息技术股份有限公司
5	计算机软件著作权登记	知识产权创造	中国航发贵州黎阳航空动力有限公司
6	计算机软件著作权登记	知识产权创造	中国电建集团贵阳勘测设计研究院有限公司
7	计算机软件著作权登记	知识产权创造	中国电建集团贵州电力设计研究院有限公司
8	计算机软件著作权登记	知识产权创造	保利新联爆破工程集团有限公司
9	计算机软件著作权侵权鉴定	知识产权保护	华为云计算技术有限公司
10	计算机软件著作权登记	知识产权创造	贵州省交通规划勘察设计研究院股份有限公司
11	计算机软件著作权登记	知识产权创造	中国水利水电第九工程局有限公司
12	计算机软件著作权登记	知识产权创造	贵州航天凯山石油仪器有限公司
13	计算机软件著作权登记	知识产权创造	中国振华集团云科电子有限公司
14	计算机软件著作权登记	知识产权创造	中国航发贵州红林航空动力控制科技有限公司
15	计算机软件著作权登记	知识产权创造	贵州中烟工业有限责任公司

计算机软件著作权方面，被调研对象主要对计算机软件著作权登记提出需

求，在数字经济发展的大背景下，计算机软件著作权渗透于智慧社会方方面面，也成为数字经济发展的重要部分与核心力量，因此，相关单位对计算机软件著作权的登记愈加重视，旨在推动自身知识产权的创造，提升知识产权竞争实力。

近年来，软件作为信息技术创新的重要成果，是数字经济发展的基础，是制造强国、质量强国、网络强国、数字中国建设的关键支撑。软件著作权遭受侵害，企业业务可能受损，因此企业应加大软件知识产权保护力度，对推动软件产业高质量发展，同样具有重大意义。在此背景下，拥有较强技术实力的被调研对象表示，计算机软件著作权侵权鉴定为其计算机软件著作权需求方向，其目的主要是对自身知识产权开展保护工作，维护自身权益。在计算机软件著作权维权阶段，侵权鉴定工作的开展尤为重要，这也是计算机软件著作权维权工作开展的难点，主要原因是同业竞争软件运行结果存在类似功能运行界面、选项和参数设置或者内容相同的数据库等，导致侵权认定时不能因此直接推定在后软件抄袭在先软件。由于权利人无法进入被告的计算机系统进行查探，其只能在当地的公证处，采用有关软件访问被告外网服务器的方式，将从被告的服务器反馈回的软件欢迎信息的代码网页截屏公证，作为被告侵权的唯一证据进行提供。而被告往往以自己为了防止服务器被黑客攻击，修改了相关软件欢迎信息为由进行辩解，否认自己使用了原告享有著作权的计算机软件，这让法院对侵权事实的认定变得非常困难。

五、对集成电路布图设计的需求研究

数字经济伴随着新一代信息技术的创新而生，其本质在于信息化。信息技术领域的创新使得大数据的高效处理、存储和传输成为可能，使得原本孤立的数字世界和实体经济产生交集，而数字经济发展的基石是集成电路，集成电路发展的核心方向之一则为集成电路布图设计，集成电路布图设计是指将电路原理图转化为实际物理布局的过程，在集成电路设计中，集成电路布图设计是将电路原理图中的电路元器件进行布局和连接的过程，设计师需要考虑电路的性能、功耗、布局密度、布线长度等因素，以实现最优的电路设计。贵州省对集成电路布图设计的需求分析如附表2-4所示。

附表 2－4　贵州省对集成电路布图设计的需求分析

序号	需求内容	需求类型	需求单位
1	集成电路布图设计登记	知识产权创造	贵州振华风光半导体股份有限公司
2	集成电路布图设计登记	知识产权创造	贵州木工贵芯微电子有限公司
3	集成电路布图设计登记	知识产权创造	贵州辰矽电子科技有限公司
4	集成电路布图设计侵权判定	知识产权保护	贵州振华风光半导体股份有限公司

集成电路布图设计方面，被调研对象主要对集成电路布图设计的申请提出了需求，在数字经济发展的大背景下，集成电路布图设计是数字经济基石的核心组成部分之一，调研结果反映出在贵州数字经济发展的过程中，相关单位已对集成电路布图设计的创造和保护提出需求。

随着数字经济的发展，集成电路布图设计保护在数字经济发展中发挥了越来越重要的意义，是数字经济上游产业的核心领域之一，对于促进技术创新、提高企业竞争力、保障国家安全和推动产业发展都具有积极的作用。集成电路布图设计的保护范围狭窄，并且集成电路布图设计以单一形式存在，其保护主题是一系列固定的图案，具有特殊性和独特性。集成电路布图设计的知识产权受到一些新技术的挑战，由于集成电路布图领域的技术创新迭代速度较快，集成电路布图设计相关的法律保护普遍落后于技术的发展，造成集成电路布图设计知识产权保护的滞后，进而阻碍了数字经济的发展。例如人工智能技术，在积累足够的集成电路布图设计数据和集成电路布图设计基本原理的条件下，人工智能将学习创建自己的集成电路布图设计以匹配特定功能，而针对人工智能的集成电路布图设计的知识产权法律保护则相对滞后。因此，针对集成电路布图设计的知识产权保护已经成为集成电路产业健康发展的关键点之一，进而成为制约数字经济发展的瓶颈之一。

参考文献

［1］裴龙翔. 数字化时代保护知识产权需增强立法供给［N］. 工人日报, 2023 – 04 – 27 (6).

［2］张维. 数字经济给知识产权保护带来新问题新挑战［N］. 法治日报, 2023 – 04 – 26 (4).

［3］何培育, 杨莉. 数字经济时代企业数据知识产权保护困境与对策探析［J］. 重庆理工大学学报 (社会科学), 2023 (11): 80 – 90.

［4］金朝力, 张晗. 数字经济下知识产权的新考题［N］. 北京商报, 2023 – 04 – 21 (2).

［5］吴锐涛, 邱阳. 知识产权保护对数字经济发展的影响研究: 基于研发投入的中介效应［J］. 景德镇学院学报, 2023 (2): 16 – 22.

［6］张斐晔, 蔺紫鸥. 让知识产权更好地赋能数字经济［N］. 光明日报, 2023 – 03 – 31 (12).

［7］李菲菲, 肖启贤. 数字经济时代知识产权检察公益诉讼的发展进路［J］. 人民检察, 2023 (3): 56 – 59.

［8］戚湧, 邓雨亭. 数字经济背景下知识产权治理体系现代化研究［J］. 南京理工大学学报 (社会科学版), 2023 (1): 30 – 37.

［9］郭颖, 魏佳奇, 段炜钰. 数字经济时代企业的知识产权保护: 基于内部网络防御视角［J］. 软科学, 2023 (7): 115 – 121.

［10］贾弘毅. 新时代数字经济知识产权制度思考［J］. 中国发展观察, 2022 (12): 105 – 108.

［11］陈倩, 戚湧. 数字经济发展对企业风险承担能力的影响研究: 基于政府知识产权保护与企业研发支出的调节效应［J］. 南京理工大学学报 (社会科学版), 2022 (6): 32 – 38.

［12］郑鲁英. 数字经济知识产权治理: 现状、困境及进路［J］. 贵州师范大学学报 (社会科学版), 2022 (6): 146 – 156.

［13］管文昊. 数字经济产业技术标准与知识产权协同分析［J］. 大众标准化, 2022 (21): 169 – 171.

［14］强化数据知识产权保护规则体系建设, 筑牢数字经济发展基础［N］. 第一财经日报, 2022 – 09 – 27 (A02).

[15] 张金灿，邓云杰，张俊涛. 知识产权保护对外贸高质量发展的影响：基于数字经济的门槛效应［J］. 价格月刊，2022（11）：71－80.

[16] 金凤. 知识产权如何支撑数字经济发展［N］. 科技日报，2022－09－20（3）.

[17] 黄骥，靳文婷. 完善数字经济知识产权法治的意义、取向与路径［J］. 中国市场监管研究，2022（9）：25－29.

[18] 刘伟. 数字经济时代下的技术与知识产权交易运营［J］. 产权导刊，2022（7）：38－41.

[19] 王华，张润哲，阳维. 数字经济对中国知识产权制度的挑战与对策研究［J］. 科技管理研究，2022（11）：145－151.

[20] 司玉静，曹薇，赵伟. 知识产权保护对数字经济发展的影响机制研究：基于分位数回归模型［J］. 现代管理科学，2022（3）：154－160.

[21] 冀鸿芬. 数字经济时代下知识产权保护面临的挑战与对策研究［J］. 江苏科技信息，2022（15）：14－17.

[22] 司玉静，曹薇，赵伟. 知识产权保护赋能数字经济发展的实证检验：基于区域创新的中介效应［J］. 金融与经济，2022（5）：62－71.

[23] 文妍. 数字经济下知识产权保护对文化产业发展影响机制研究［D］. 哈尔滨：哈尔滨商业大学，2022.

[24] 付振强. 数字经济下的知识产权保护之痛［J］. 中国外资，2022（9）：46－47.

[25] 唐荣，李文茜，肖波. 深圳加强数字经济知识产权司法保护［N］. 法治日报，2022－04－25（3）.

[26] 支苏平. 知识产权助力数字经济高质量发展［J］. 群众，2022（8）：8－9.

[27] 程晨. 数字经济时代下知识产权保护与信息共享平衡的法理检讨［J］. 河北工程大学学报（社会科学版），2021（4）：51－57.

[28] 张倩，王淳佳，李文宇. 知识产权助力数字经济领域标准高质量发展的思考［J］. 中国市场监管研究，2021（12）：45－47.

[29] 姜南，李鹏媛，欧忠辉. 知识产权保护、数字经济与区域创业活跃度［J］. 中国软科学，2021（10）：171－181.

[30] 曾竹. 以知识产权治理促进贵州数字经济发展［J］. 理论与当代，2021（5）：28－30.

[31] 徐实. 数字经济背景下知识产权保护比较研究与展望［J］. 北京航空航天大学学报（社会科学版），2021（5）：43－44.

[32] 宋华，胡庆. 数字经济时代知识产权检察保护新模式探索［J］. 中国检察官，2021（17）：20－23.

[33] 范文彬. 数字经济视角下我国知识产权保护问题研究［J］. 法制博览，2021（23）：

6 – 9.

[34] 王黎萤，吴瑛，楼源. 数字经济产业技术标准与知识产权协同研究综述［J］. 创新科技，2020（4）：8 – 15.

[35] 唐林. 数字经济下的知识产权战略［J］. 互联网经济，2020（3）：30 – 33.

[36] 邵素军. 浅析知识产权保护与数字经济发展关系［J］. 人民论坛，2019（24）：46 – 47.

[37] 张莉. 数字经济时代如何进行知识产权保护［J］. 中国对外贸易，2019（7）：38 – 39.

[38] 冯博，杨童. 数字经济下知识产权的"保反兼顾"政策［C］//天津市社会科学界联合会. 天津市社会科学界第十四届学术年会优秀论文集：加快构建中国特色哲学社会科学推进"五个现代化天津"建设（中），2018：12 – 19.

[39] 马天旗. 专利转移转化案例解［M］. 北京：知识产权出版社，2017.

[40] 郑攀攀，庄子银. 知识产权司法保护专门化与企业数字创新［J］. 系统工程理论与实践，2024（5）：1501 – 1521.

[41] 裴然，侯冠宇. 营商环境赋能数字经济：影响机制与提升路径［J］. 财会月刊，2024（7）：117 – 123.

[42] 于守谦. 数字经济对区域创新能力的影响研究［J］. 对外经贸，2023（12）：35 – 37，44.

[43] 唐建国. 数字经济治理体系中衍生数据权益体系构建和保护初探［J］. 数字法治，2023（6）：149 – 157.

[44] 毛毅坚. 知识产权保护与数字全球价值链参与：基于知识产权示范城市建设的准自然实验［J］. 技术经济与管理研究，2023（12）：18 – 23.

[45] 韦帅民. 数字经济与制造业低碳转型的理论与经验证据［J］. 技术经济与管理研究，2023（12）：45 – 48.

[46] 陈国生. 多元主体参与视域下数字经济协同治理的理论逻辑和实践路径研究［J］. 湖南社会科学，2023（6）：44 – 50.

[47] 宋帅. 数字经济赋能长江经济带高质量发展研究［J］. 西南政法大学学，2023（6）：31 – 46.

[48] 笪琼瑶. 数字经济、知识产权保护与序贯创新：基于 A 股上市公司的经验证据［J］. 技术经济与管理研究，2023（11）：34 – 39.

[49] 王圣宇. 数字经济背景下知识产权行使的反垄断界限探究：数字内容平台独家版权模式再评估［J］. 竞争政策研究，2023（6）：82 – 96.

[50] 张兆瑞. "破题"数据知识产权保护［N］. 天津日报，2023 – 11 – 23（9）.

[51] 张震宇，侯冠宇. 数字经济赋能经济高质量发展：历史逻辑、理论逻辑与现实路径［J］. 西南金融，2023（11）：32 – 44.

［52］章秀琴，施旭东. 知识产权司法保护与出口技术复杂度：兼论"双轨制"下知识产权行政保护的调节效应［J］. 国际商务（对外经济贸易大学学报），2023（6）：113－132.

［53］孙文远，李琪. 数字经济推动绿色高质量发展的实践路径探析［J］. 盐城师范学院学报（人文社会科学版），2023（6）：48－56.

［54］燕艺萌. 数字经济时代知识产权治理的守正创新［J］. 法制博览，2023（32）：36－38.

［55］张淡钿. 数字经济时代著作权许可机制研究［J］. 传播与版权，2023（21）：121－124.

［56］陈星. 数字时代数据产权的理论证成与权利构造［J］. 法商研究，2023（6）：75－88.

［57］温秋萍. 数字经济时代知识产权保护研究［J］. 活力，2023（21）：190－192.

［58］孙琳. 数字经济专利创新呈现蓬勃发展态势［N］. 人民政协报，2023－11－10（6）.

［59］吴娜. 我国知识产权大国地位牢固确立［N］. 北京日报，2023－11－09（8）.

［60］徐宁远，杨军，徐可. 数字经济下的智能制造与知识产权机制创新［J］. 黄冈职业技术学院学报，2023（5）：114－117.

［61］张金来. 加快数字经济法规体系建设提升数字经济治理能力［J］. 数字经济，2023（4）：18－21.

［62］刘爽岑. 数字经济时代下企业数据治理与隐私保护的法律挑战［J］. 中外企业文化，2023（10）：127－129.

［63］许为宾，唐青舟，李欢. 知识产权保护与企业数字化转型：基于知识产权示范城市的准自然实验［J］. 科研管理，2023（10）：53－61.

［64］张杨，范迪. 数字经济关键核心技术的自主发展模式探究［J］. 管理学刊，2023（4）：146－158.

［65］王春利. 数字经济时代知识产权保护难点多亟须全方位化解之策［J］. 中国商界，2023（10）：91－93.

［66］谷静. 知识产权保护、数字经济与企业颠覆性技术创新［J］. 技术经济与管理研究，2023（9）：12－17.

［67］张少君. 国内数字经济知识产权保护困境及优化路径研究［J］. 投资与合作，2023（9）：187－189.

［68］崔倩倩，丁园园，贾乐. 从数字经济看知识产权发展：数字经济专利分析［J］. 中国科技信息，2023（18）：132－134.

［69］马治国，赵世桥. 数字经济时代知识产权司法鉴定制度的发展与完善［J］. 西北大学学报（哲学社会科学版），2023（5）：66－77.

［70］郝亮. 数字经济时代知识产权保护和发展的机遇与挑战［J］. 商展经济，2023（17）：66－69.

［71］余颖. 知识产权有力支撑经济发展［N］. 经济日报，2023－09－04（1）.

［72］冯晓青. 数字环境下知识产权制度面临的挑战、问题及对策研究［J］. 社会科学战线，2023（9）：198－212.

［73］简洁，王晨. 数字经济领域知识产权刑事案件呈现四大特点［N］. 检察日报，2023－08－29（7）.

［74］叶爽. 数字经济时代知识产权保护的难点与对策［J］. 中国集体经济，2023（25）：95－98.

［75］李丹，刘瑶. 数字经济、知识产权保护与区域创新能力：基于数据要素市场化调节效应的实证分析［J］. 科技管理研究，2023（15）：114－124.

［76］翟明跃. 数字经济时代下知识产权保护面临的挑战与对策探析［J］. 法制博览，2023，22：52－54.

［77］刘华玲，张子龙. 人工智能背景下的知识产权管理新挑战：基于 KI 的知识图谱文献计量分析［C］//中国管理现代化研究会，复旦管理学奖励基金会，中国管理现代化研究会. 第十八届（2023）中国管理学年会暨"一带一路"十周年研讨会论文集，2023：10.

［78］杨弼君. 数字经济、知识产权保护与高技术产业创新效率［J］. 技术经济与管理研究，2023（7）：6－11.

［79］孟宾，朱世婷. 数字经济时代下知识产权保护存在的挑战及对策［J］. 科技与创新，2023（1）：161－163，176.

［80］董凡超. 数字经济时代知识产权保护路在何方［N］. 法治日报，2023－07－20（5）.

［81］姜南，马艺闻，刘谦. 知识产权政策对数字经济的影响机制研究：来自知识产权示范城市的证据［J］. 科学学与科学技术管理，2023（7）：91－109.